アフター 2024
米中最後の攻防

AFTER 2024
USA vs. CHINA

日本経済新聞社

大越匡洋　ワシントン支局長
MASAHIRO OKOSHI

桃井裕理　中国総局長
YURI MOMOI

日本経済新聞出版

はじめに――米中、2024年から始まる「最後の攻防」

5つの対立の構図

米中対立が激化の一途をたどっています。

そもそもの始まりは2018年、トランプ米大統領（当時）が始めた対中関税措置でした。その頃はまだトランプ氏の主張は「中国製品が米国の雇用を奪っている」という貿易問題に力点があり、中国側も報復関税で応酬しつつ「米国の農産品などを大量に買うことでトランプ氏は満足するだろう」と楽観的に構えていました。

ところが、米中関係は貿易摩擦にとどまらず、本質的かつ全面的な対立へと拡大していきました。今、両国の対立の構図はざっと思い浮かべるだけでも以下のようなものがあります。

第1に「技術覇権」を巡る競争です。

最初に狙い撃ちされたのは、中国通信機器最大手の華為技術《ファーウェイ》でした。高速通信規格「5

G」分野におけるファーウェイの躍進はすさまじく、米国は2019年5月に同社を「エンティティー・リスト（禁輸リスト）」に登録し、最先端半導体の輸出を制限しました。その後、対中輸出制限は拡大の一途をたどり、2023年夏時点で禁輸リストに載る中国企業は600社を超えています。最先端半導体を巡る輸出規制も製造装置や設計ソフト、人的支援にまで広がり、日本をはじめとする各国を巻き込んだ対立へと広がっています。

第2の対立が軍事力を巡る攻防です。

南の海のサンゴ礁がいつの間にか軍事基地になっていた――。南シナ海で明らかとなったこの映像は西側諸国にも衝撃を与えました。中国は南シナ海や東シナ海での海洋進出を着々と進めるとともに、力による現状変更にもためらいをみせていません。米国はアジア太平洋地域における米軍と中国人民解放軍の軍事力が数年内に匹敵するとみています。

第3にイデオロギーを巡る闘いです。

新疆ウイグル自治区におけるウイグル族の弾圧や香港での民主化運動の制圧、監視カメラ網とインターネット監視を活用した「デジタル専制主義」を世界各国に輸出している実態が明らかになるにつれ、国際社会で中国共産党の統治への疑念が改めて高まりました。米国バイデン政権は「民主主義vs専制主義」という対中牽制の構図を打ち出しました。

第4に世界秩序を巡るせめぎ合いです。

中国の習近平《シー・ジンピン》国家主席は広域経済圏構想「一帯一路」を打ち出し、世界の国々との連携を図ってきました。加えて、中国は米国の覇権を「一極主義」「帝国主義」と批判し、米主導の世界から多極主義による新たな世界秩序への転換を訴えています。

第5に台湾を巡る対立です。

習氏は「台湾統一」を必ず成し遂げるとの決意を鮮明にし、台湾独立の動きには「武力行使も辞さない」と明言しています。米国は警戒を強めるとともに、台湾への関与を次第に深めてきました。

対立は宿命であり、歴史の必然

米中の対立は歴史の流れにおける「宿命」といえます。

現在の中国をつくりあげたのは米国にほかなりません。1972年の米中国交回復に向けたニクソン米大統領の中国訪問以降、米国は一貫して中国への関与政策（エンゲージメント）をとってきました。関与政策の背景にあったのは「経済支援や国際秩序への参画を通じて発展を促せば中国の政治体制はいずれ民主化する」との期待です。

当時のニクソン政権には巧妙な戦略もありました。中国を引き寄せることで、ソ連との東西冷戦において優位に立とうとする思惑です。同時に、巨大な中国市場で利益をあげたい米経済界の意向も強く働きました。

米国は自らの打算のもと、中国共産党の統治する国家を脈々と育ててきたのです。その結果、中国は経済、軍事の両面で米国の最大の脅威となりました。

関与から競争へ——。米国の対中政策の見直しは避けることのできない歴史の必然だったといえます。

一方、中国の側にあるのは強烈な被害者意識です。

習氏が掲げる「中華民族の偉大な復興」「中国の夢」との言葉からにじみでるのは「中華民族が不当に踏みにじられてきた」という屈辱の歴史への憤懣です。中国の国歌「義勇軍行進曲」の歌詞にそのすべてが表れています。

「いざ立ち上がれ　隷属を望まぬ人々よ！　我らの血と肉をもって、我らの新しき長城を築かん」

帝国主義国家の不当な支配から人民を解放した——。これが中国共産党の統治の最大の正統性です。そして習氏は「新中国建国100年」の節目となる2049年までに「中華民族の偉大な復興」を成し遂げ、民族の誇りを取り戻すことをめざしています。

米国をはじめとする西側陣営からみれば、中国の行動は国際ルールや民主主義への挑戦にほかなりません。しかし、中国が自ら描くポートレートにおいて、その使命は「当然あるべき権利を取り戻す闘い」です。そして、それを阻もうとする米国の行動は、帝国主義が席巻した時代から続く欧米諸国による「いわれのない弾圧」にほかならず、必ず対決しなければならないものととらえているのです。

2024年が転換点となる理由

「歴史の必然」といえる米中対立は2024年から新しい局面を迎えようとしています。11月には米大統領選挙で新たな米大統領が選ばれます。新体制における今後の対中政策がどう変化するのかが注目されます。混乱も予想される選挙において、米国の民主主義が十分な強靭さと良識を発揮できるかどうかは、今後の米中対立の行方や世界秩序のあり方に大きな影響を与えるのは間違いありません。

米中対立の最前線である台湾では、2032年までの2期8年を担う新政権が決まります。この政権の1つ1つの選択が米中関係、ひいては世界の行く末を大きく左右する可能性をはらんでいます。

そして、中国にとっても、米国や台湾の新体制とともに迎える今後数年間は国運をかけた勝負の期間となります。

習氏は終身をにらんだ異例の3期目政権に入り、新中国建国100年となる2049年までに「中華民族の偉大な復興」を果たす「奮闘目標」を掲げています。しかし、さすがの習氏も2049年まで指導者であり続けることは困難です。そこで習氏は2035年にマイルストーンともいうべき中間目標を設けました。つまり習氏が後世に業績を残そうとするならば、めざすは2035年までの「成果」であり、台湾問題についてもそこまでに何らかの方向性をつけようとする可能性は十分にあります。

国運を懸けた勝負はそれだけではありません。中国の国内総生産（GDP）が米国を抜くことができるかどうかというせめぎ合いもおそらく2030年代前半までの勝負が焦点になるとみられています。中国は人口減少という厳しい現実に直面しており、過去からの「貯金」があってなお伸び悩んだ経済がその後から浮上するのは難しいと考えられるためです。「頂点を極めた中国がどのような振る舞いをするのか」も世界に大きな挑戦を突きつけていますが、「頂点を極める前に衰退の道をたどり始めた中国がどのような選択をするのか」も予断を許さない状況を世界にもたらす恐れがあるといえます。

米中問題だけではありません。2024年には、3月にロシア大統領選、4月に韓国総選挙、9月に日本での自民党総裁選も実施されます。インドやバングラディシュ、パキスタン、スリランカ、インドネシア、南アフリカ、メキシコなど「グローバルサウス」の国々でも一斉に大統領選や総選挙など体制を問う選挙が行われます。

世界各国で始まる新体制は、欧米から中東にまで広がった戦火の行方も大きく左右します。ウクライナにおけるロシアの侵攻は3年目に突入し、中東ではイスラエルとイスラム組織ハマスの衝突を起点として報復と悲劇の連鎖がさらに加速しようとしています。様々な利害が衝突し、「第3次世界大戦」が起きる可能性を指摘する声すらあります。

国際社会は人類の叡智を集結し、繰り返される悲劇に終止符を打つことができるのか、それとも戻ることのできない誤った道へと再び足を踏み出してしまうのか――。

2024年から始まる「アフター2024」。それは米中両大国の「最後の攻防」であるとともに、世界が新たな秩序を探る激動の揺籃期となる可能性を秘めています。

◇

本書の中核を成すのは、日本経済新聞社ワシントン支局長の大越匡洋と中国総局長の桃井裕理が往復書簡スタイルで続けてきたニューズレター「米中Round Trip」からの抜粋です。同ニューズレターは米中間の時事問題を米中それぞれの視点からタイムリーにぶつけあうことを目的として始めました。米国と中国の歴史背景や深層心理からくる認識の違い、民主主義のあるべき姿、今後の世界秩序のあり方など、米中対立から改めて浮かび上がった問いをそれぞれ考察し、投げ掛け合ってきました。

Ｐａｒｔ１は書籍出版にあたっての書き下ろしです。「アフター２０２４」年の世界に何が起ころうとしているかについて「台湾問題」「米中のリーダーシップ」「新冷戦と技術覇権」「世界秩序の行方」の４つの切り口からそれぞれの視点をまとめました。

Ｐａｒｔ２はニュースレター「米中Round Trip」の抜粋です。米国と中国のそれぞれの「対立」「内政」「世界におけるパワーバランス」などの話題をテーマ別に並べなおしました。「アフター２０２４」の世界が始まろうとしている今、本書が米中対立の背景を考察するうえで読者の皆様方にとっての１つの材料になれば幸いです。

北京にて　桃井裕理

アフター2024
米中最後の攻防　目次

AFTER 2024　USA vs. CHINA

CONTENTS

PART 1 アフター2024の米中を読む

論点01 台湾の平和は守れるか

PART 2 【往復書簡】米中Round Trip

第1章 どうなる？ 米中関係

第2章　中国内政：習近平、長期政権の行方

第3章 米国内政：分断の大国

第4章 米中外交と世界のパワーバランス

PART 1

アフター2024の米中を読む

アフター2024
米中最後の攻防

AFTER 2024
USA vs. CHINA

論点 01

AFTER 2024 USA vs. CHINA

台湾の平和は守れるか

From USA

迫る「2027年」、紛争勃発を押さえ込めるか

読者のみなさん、こんにちは。ワシントンから書いています。

「中国は2022年に固体燃料推進型の大陸間弾道ミサイル（ICBM）のサイロ（地下格納施設）を新たに3カ所に建設した。少なくとも300基分を収容でき、一部は装填された」

「中国は大陸間射程で通常兵器を搭載するミサイルシステムの開発を検討している。実戦配備されれば通常攻撃で米本土、ハワイ、アラスカを標的に威嚇できる。通常兵装のICBMは戦略的安定性に重大なリスクをもたらす」

「アフター2024」の世界を見据え、米国防総省が危機感あふれるリポートを公表した

のは、イスラム組織ハマスがイスラエルに奇襲を仕掛けてから10日あまりたった2023年10月19日でした。中国の軍事力に関する2023年版の報告書です。

バイデン米政権はハマスの奇襲で米国人を含めておよそ1400人が殺害された直後、米原子力空母ジェラルド・フォード、同ドワイト・アイゼンハワーを中心とする2つの空母打撃群をイスラエル近海に展開することを決めました。イランなどの敵対勢力が混乱に乗じて紛争拡大に動くのを抑止するためです。

空母アイゼンハワーが米南部バージニア州のノーフォーク海軍基地を出発した10月14日時点で、世界で稼働していることを確認できた米空母は4隻。そのうち2隻の打撃群を中東方面に集中投入したことになります。まさに全力投球です。

米国の力にも限りがあります。ロシアのウクライナ侵略に続き、中東情勢が不安定になれば、米国は「国際秩序を再構築する意図を持ち、その能力をますます高めている唯一の競争相手」とみなす中国への対応に専念することが難しくなります。

中国軍事力の年次報告書を公表する2日前、バイデン政権はもう一つの手を打ちました。1年前に導入した中国に対する半導体輸出規制の全面強化です。人工知能（AI）に使われる先端半導体の輸出をより厳しく制限し、中国への「抜け穴」となる可能性のある40を超える国への高度半導体の輸出を許可制とするといった措置を講じました。狙いは米国の技術が軍事転用される道をふさぐことにほかなりません。

米国がまず照準を合わせるのが「2027年」です。米中央情報局（CIA）のウィリアム・バーンズ長官が2023年2月、中国の習近平国家主席が「2027年までに台湾侵攻を成功させるための準備を人民解放軍に指示したことをインテリジェンスとして把握している」と述べたことは有名です。もはや隠しておく必要もないほど、明白な事実がそろっていると米情報機関はみているわけです。

もちろん「準備」がそのまま「実行」を意味するわけではありません。ですが2001年9月11日の米同時テロ後、米国が20年にわたるテロ戦争の泥沼にはまり込む間、「中国は計画的に軍事力を増強し、さしたる抵抗もなく海洋アジアでのプレゼンスを着実に高めた。米国はもはやこのような機会を中国に譲る余裕はない」（米海軍大学教授などを歴任したトシ・ヨシハラ氏）という状況にまで追い込まれました。

「米中間で変わったのは政治状況ではなく、軍事バランスだ」。保守派の論客エルブリッジ・コルビー元米国防副次官補はこう断じ、中国抑止へ備えを急げと訴えます。「問題は時間、時間、時間だ。中国は我々に時間を与えるつもりはない」

2025年に400隻、2030年には440隻。1990年代から近代化を急いできた中国海軍は戦力の増強を続け、およそ300隻の艦船と35万人の兵員を擁する世界最強

米情報機関による中国の脅威評価（2023年）

<総括>	中国は世界の規範を変えようとする姿勢を強め、あらゆる領域と複数地域でルールに基づく国際秩序の変更を試みる能力を持つ
<目標·活動>	▼台湾に統一を迫り、米国とパートナーとの間にくさびを打ち込み、自らの権威主義体制に有利な規範の情勢に取り組む
	▼米中競争を画期的な地政学変化の一環ととらえ、米国の政策を中国の台頭を阻止し、中国共産党の支配を弱める取り組みとみなす
	▼台湾が統一に向かうよう圧力をかけ続け、台湾海峡の中間線通過などを増やす可能性
	▼南シナ海で近隣を威嚇し、中国が効果的に支配していることを示す。東シナ海では日本に圧力
	▼ロシアとの友好関係を維持し、米国に挑戦し続ける
<軍事能力>	▼大規模かつ持続的な紛争で米国と対峙するために必要と考える主要な能力の開発を急いでいる
	▼2027年までに将来の台湾海峡における危機への米国の介入を抑止するための軍備を整える目標の達成に努力
	▼中国海軍と空軍はすでにこの地域で最大の規模
<大量破壊兵器>	▼中国が米国との戦略的対抗のために核態勢を再構築しているのは、指導者が現在の能力では不十分との結論に達したため
	▼米国やロシアの優位性を固定化するような交渉には応じない
<技術·経済>	▼米国の技術競争力にとって最大の脅威であり続ける
	▼公共投資からスパイ活動まであらゆる手段を用いて技術力向上を狙い、国内企業を外国との競争から保護する
	▼半導体、重要鉱物、蓄電池、太陽光パネル、医薬品など様々な技術分野における国際供給網の中心的存在。大きなリスク

の米海軍との規模の差をさらに広げようとしています。すでに艦船数では世界最大です。

米国は中国の海軍増強の狙いを台湾海峡で事が起きた際に軍事的に対応し、南シナ海をより高度に支配することだとみています。中国の近海地域で紛争が生じた場合、米軍の到着を遅らせたり、米軍の介入効果をそいだりすることに力点があるわけです。

米下院で中国問題を集中討議する中国特別委員会は2023年4月、シンクタンクと共同で「中国が2027年に台湾に侵攻した」と想定する机上演習を実施しました。米国は1週間ほどで重要な弾薬を使い果たし、すべての精密誘導ミサイルが不足する結果となりました。

特別委の民主党筆頭委員、クリシュナムルティ下院議員に感想を聞くと、「紛争を抑止するために必要な弾薬を十分備えていない問題が浮き彫りになった」と話しました。

机上演習では爆撃機や潜水艦という米軍の優位性も明確になりました。ところが米議会は年2隻分の攻撃型原子力潜水艦の予算を認めているのに、生産能力の制約から現状は年1・2隻しか建造できません。

バイデン政権は英国、オーストラリアとの安全保障の枠組み「AUKUS（オーカス）」に基づいて豪州への原潜配備計画を進めていますが、「オーカスの公約を守り、自国の艦隊を減らさないためには米国は攻撃型潜水艦を年2・3隻から2・5隻を生産しなければな

東アジアの主な通常兵力

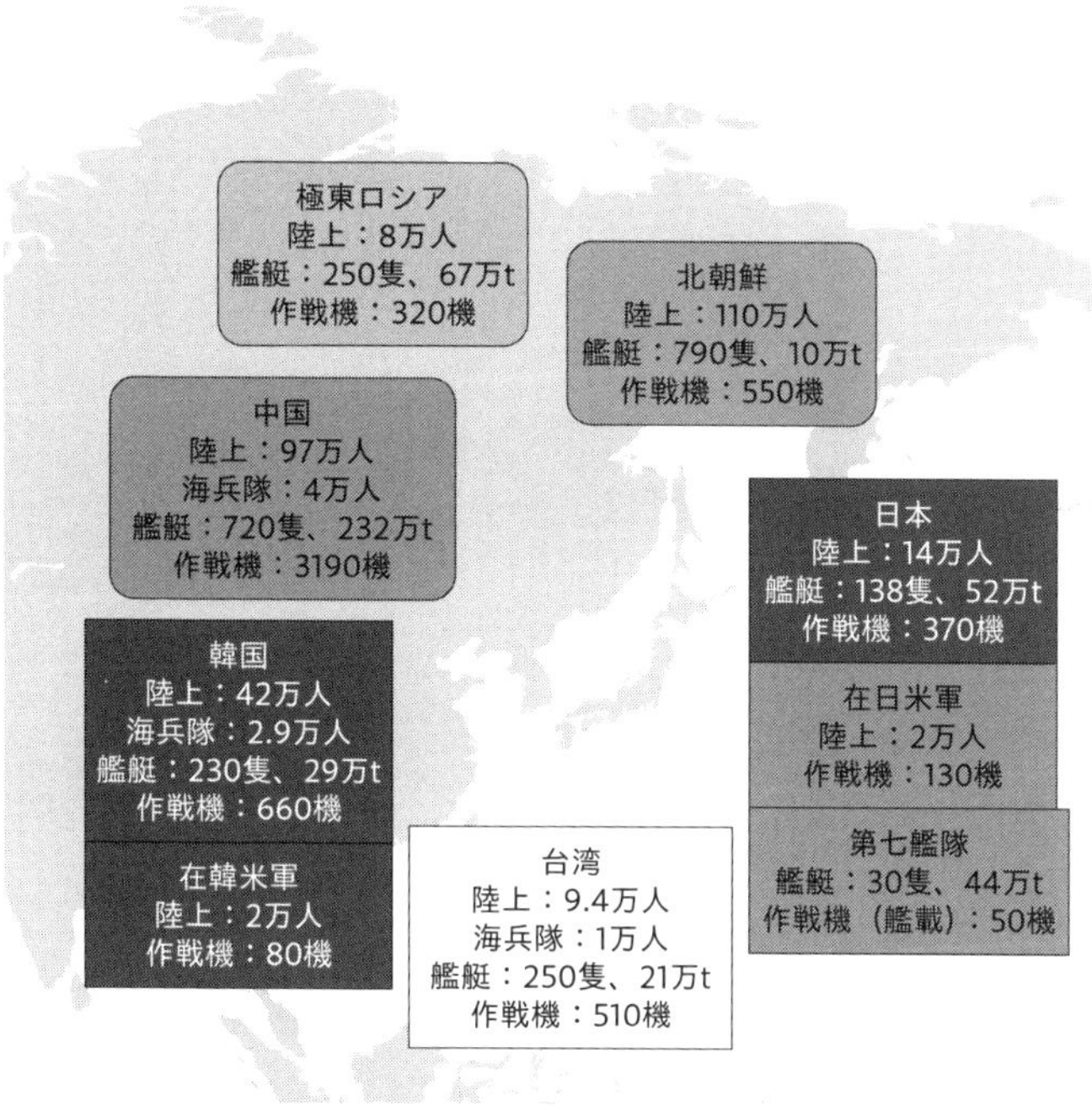

（出典）2023年版防衛白書

らない」（上院軍事委員会のウィッカー筆頭委員＝共和党）との指摘があります。

中国が台湾を本気で武力統一しようとすれば、日本にある米軍基地も攻撃対象となります。力による台湾海峡の一方的な現状変更を認めれば、太平洋の西側は「中国の海」となるでしょう。台湾の防衛力強化に加え、日本、韓国、豪州、フィリピンといった米国の同盟網を強化し、連携して中国に対する抑止力を高める必要があるのはこのためです。

台湾の独立を支持しない理由

何より重要なのは紛争を起こさせないことです。「イエス」。2022年5月、東京での日米首脳共同記者会見に臨んだバイデン氏は「台湾防衛に軍事的に関与する意思はあるか」との質問に「それが私たちの約束だ」と2回繰り返しました。記者会見場の現場から見ていて、ためらいのない即答でした。

米国は「中国本土と台湾は不可分」という中国の立場に異を唱えない一方、台湾の安全保障に関与し続ける「一つの中国」政策を掲げています。中国が台湾への武力侵攻に動いた際の対応をあらかじめ明示せず、中国を抑止する「戦略的曖昧さ」を基本としてきました。

その曖昧さを捨てるべきではないかとの議論が一時ありました。ロシアのウクライナ侵攻をめぐり、バイデン政権が核保有国ロシアとの直接対決を避けていることから、台湾有事でも米国は介入に二の足を踏むのではないかとの見方がくすぶったためです。

米国への信頼が揺らぎ、中国が力に訴える隙を生むわけにはいきません。バイデン氏は大統領就任後、台湾防衛について2021年の8月と10月にも同様の発言をしました。いずれもホワイトハウスは直後に「米国の台湾政策に変更はない」と表明しています。中国が一方的な現状変更を試みれば、米国も「一つの中国」政策を捨てるという意図が読み取れます。

米国は台湾に対してもクギを刺しています。過激な「独立」論に傾斜して中国を過度に刺激しないよう自制を促し、自衛力を高める一段の自助努力を求めているのです。

蔡英文《ツァイ・インウェン》政権と同じ民進党政権だった2000～2008年の陳水扁総統時代、米国の「曖昧さ」は中国を抑えることよりも、台湾独立派の手綱を締めることが主眼でした。当時のブッシュ米政権（第43代）は米同時テロ後の米中関係の安定を重視し、中台間の摩擦が増すことを嫌ったからです。

台湾のトップが「独立」を公言すれば、中国は譲ることのできない「レッドライン」を越えたと判断するでしょう。米国からみれば中国の太平洋への出口をふさぐ台湾は安全保障上、極めて重要です。民主主義の価値を共有する仲間としての信頼感もあります。しかし、米国は台湾の「独立」は支持しません。これが国際政治の冷徹な現実です。

二つの核保有国への備え

「ONE CHINA! TAIWAN IS PART OF CHINA!（一つの中国、台湾は中国の一部）」

2023年4月、蔡総統とマッカーシー米下院議長（共和）がカリフォルニア州の「レーガン図書館」で会談する間、横断幕をたなびかせた小型飛行機が上空を旋回し続けました。

前の年の夏に当時のペロシ下院議長（民主）が台湾を訪れ、米中の軍同士の意思疎通は途切れました。中国が応じなくなったからです。中国スパイ気球事件で関係はさらに冷え込み、2023年6月にブリンケン国務長官が北京を訪れて軍の対話再開を求めても中国は拒みました。

バイデン大統領が2023年5月の広島での記者会見で「間もなく雪解けするだろう」と楽観視したのとはほど遠い状態でした。むろん、バイデン大統領と習近平国家主席の首脳会談など対話の試みが止まることはないでしょう。

2023年11月、バイデン氏と習氏は米サンフランシスコ近郊で1年ぶりの首脳会談に臨み、軍同士の対話の再開など衝突回避に向けた意思疎通を進めました。

首脳会談を含めた対話を重ねれば、米中間の旅客直行便を増やすといった「小さな成果」

小型飛行機が牽引する横断幕「台湾は中国の一部」(2023年4月、米カリフォルニア州)=筆者撮影

は得られるでしょう。しかし「米中は異なる利益と異なる価値観を持ち、数回の会談で解決するには米中間の構造は複雑すぎ、問題は根深い」(米アメリカン・エンタープライズ研究所のザック・クーパー氏)のです。

「彼は目的を数週間から数カ月で達成できると信じ込んでいた」。2022年9月まで3年近く米国の駐ロシア大使を務めたジョン・サリバン氏に会ったとき、ロシアのプーチン大統領によるウクライナ侵攻をなぜ抑止できなかったのかと尋ねると、こんな答えが返ってきました。

プーチン氏を習近平氏に置き換えることができないと、誰が言いきれるでしょうか。

「2027年」が迫るなか、米戦略国際問題研究所(CSIS)の専門家ボニー・リン氏はこう解説します。

「2027年という時間軸の議論は主に、台湾侵攻を可能にする能力を習氏がいつまでに欲しているかということに関連している。完全に能力ベースの問題で、実際に中国が台湾を侵略するかどうかという問題とは全く関係がない」

「能力を持たなければ侵略しないという議論も違う。台湾を侵略する能力がなくても中国は台湾を封鎖できる可能性がある。中国が2027年以前に重要な軍事力を行使しないと考えることはできないし、2027年以降に重要な軍事力を行使すると考えることもできない」

「2030年代までに米国は初めて二つの主要な核保有国を抑止する必要が生じる」。バイデン政権は2022年10月に公表した国家安全保障戦略で、冷戦期からの核保有大国ロシアに加えて、中国の核戦力増強にも対抗する必要性を指摘しました。

米国防総省の2023年版中国軍事力報告書は、同年5月時点で中国が保有する運用可能な核弾頭数を「500発超」と推計しました。そのうえで「2030年までに1000発以上を保有し、2035年まで戦力を増強し続ける」と指摘しています。全体の規模は米ロの5000発ほどには届かないにせよ、急激な増加は核の均衡を狂わせます。中国は核弾頭数を公表しないなど透明性がなく、米国が望む対話が急速に進むことも大きな期待はできません。

しかも、アジアを舞台にした核抑止力には「非対称」が生じています。

中国はグアムまで届く中距離弾道ミサイル（IRBM）の「DF（東風）26」を含む「戦域レベル」のミサイルを着々と増強しています。米国防総省は、中国がすでにIRBM向けに250基のランチャー（発射台）と500基のミサイルを保有するとみています。核搭載も可能な射程1000～3000キロメートルの準中距離弾道ミサイル（MRBN）の配備は1000基にのぼる可能性を指摘しています。

米国は中国の戦域核兵力に対抗できる選択肢を持ち合わせていません。旧ソ連との間の中距離核戦力（INF）廃棄条約＝2019年に失効＝によって射程500～5500キロメートルの核兵力を放棄したからです。

「戦域核兵器での中国の非対称の優位は、台湾をめぐる危機の際、中国が日本のような（米軍基地を持つ）最前線国家を威嚇することを可能にするかもしれない」と、米海軍大学教授などを歴任したトシ・ヨシハラ氏は警鐘を鳴らします。在日米軍基地を使えなければ、米国が台湾を防衛するための作戦の継続は極めて困難になります。

中国は「核戦力を自国の安全保障に必要な最小レベルに維持している」（中国国防省）として「核の先制不使用」を公言しています。これに対し、米国防総省は「北京はおそらく、台湾における通常兵力による軍事的敗北が中国共産党体制の存続を著しく脅かす場合、抑止力回復のために核の使用も検討するだろう」とみています。

「安全保障環境の変化と潜在的敵対国からの脅威の高まりを反映したものだ」（米国防総省のジョン・プラム国防次官補）。米国は2023年10月27日、航空機に搭載可能な新型核爆弾「B61－13」の開発をめざすと発表しました。

B61は1960年代に開発され、現在の最新型は「B61－12」。さらに改良した「13」を「より堅固で大面積の軍事目標に対する選択肢」（米国防総省）とし、旧型と置き換えて核兵器の数そのものは増やさないとしています。抑止力の強化を狙い、米国は核態勢の「近代化」に動き出しました。

水面下の「スパイ戦」も激しく

米中は水面下で激しい「スパイ戦」も繰り広げています。CIAが10年越しで対中情報網を再建したことで暗闘は一段と激しさを増しました。

CIAのバーンズ長官は2023年7月中旬、安全保障に関するイベントに40分ほど登壇し、さらりと重要なメッセージを漏らしました。「進展した。ここ数年、懸命に取り組んできた」。対中情報網の再建状況を問われたときのことです。

「中国はこの一言に神経をとがらせた」と元米情報機関職員は明かします。実は中国は2010年ごろ、国内で活動するCIA組織をほぼ壊滅させることに成功しました。CIAの元工作員を買収し、2年間で2桁にのぼる国内のCIA協力者を物理的に「排除」したからです。

習近平指導部が発足した2012年以降、米国にとって対中情報網の再建は常に課題となってきました。中国シフトを進めるバーンズ氏による対中情報網の「再建宣言」は、中国が2023年7月から改正「反スパイ法」を施行し、スパイ行為の幅広い摘発に乗り出した直後でした。

それから2カ月後、中国の情報機関、国家安全省は対話アプリ「微信（ウィーチャット）」に突然、長文を投稿します。それは、米中首脳会談の実現に向けて「米国は十分な誠意を見せる必要がある」と条件を突きつける内容でした。

民主主義国家で情報機関が外交に表立って口出しすることは異例ですが、中国の情報機関の実権は強大です。米政府関係者は「陳文清・前国家安全相、王小洪・公安相ら情報機関を仕切る『安全閥』への習国家主席の信頼は厚い」とみています。

CIAが台湾問題など習指導部の意思決定に関わる情報の収集と分析に当たるのに対し、

米連邦捜査局（ＦＢＩ）は米国内での中国スパイの摘発を急ぎます。２０２３年８月に入り、米司法省は中国に米軍事情報を流出させたとして海軍の兵士２人を逮捕したと発表しました。

そのうちの１人は沖縄の米軍基地に配備されたレーダーシステムの電気系統図と設計図を含む機密情報を１万４９００ドル弱で中国の情報員に売り渡したとされます。中古車１台ほどの見返りで日本の安全が脅かされるのです。米の動きに対抗し、中国側もＣＩＡと接触した中国政府職員を摘発したと相次ぎ公表しました。

ＦＢＩは中国関連だけで２０００件以上の案件を抱え、レイ長官は「中国は経済スパイ活動を多方面から追求し、ある技術に狙いを定めたら、利用可能なあらゆる資源を駆使してそれを盗み出そうとする」と警戒します。

中国は共産党員だけでなく党外の知識人やメディアなど様々な勢力を巻き込んで敵を孤立させる「統一戦線工作」を重視し、世界で情報戦を展開しています。

「信頼を損なうことが起きていることを我々は知っている」。２０２３年８月末、北京を訪問したレモンド米商務長官は中国側にクギを刺しました。訪中前、中国のハッカー集団が米政府を攻撃し、レモンド氏のメールも標的となったからです。

バイデン大統領は米軍が中国の偵察気球を撃墜した２０２３年初めの事件に関して、

「独裁者」の習氏は気球がどこにあるか知らされていなかった事実に「ひどく動揺した」と述べたことがあります。ＣＩＡなどの情報に基づく分析です。中国はこの発言に猛反発しました。水面下の暗闘も米中の表の外交を揺さぶる震源となります。

「不都合な現実」から目を背けるな

「戦争が差し迫っているわけでも、避けられないわけでもない」（オースティン米国防長官の２０２３年５月の議会証言）。習近平氏も同年11月のバイデン氏との会談の席上、中国が２０２７年や２０３５年に台湾侵攻を計画しているとの見方に「そんな計画はない」と言い切りました。

とはいえ中国の軍拡は看過できないほど急ピッチです。たとえば「空母キラー」と呼ばれる対艦弾道ミサイル「ＤＦ（東風）21Ｄ」。中国が米艦の位置を即時に把握し、正確に攻撃できるかどうかはまだ疑問が残るとはいえ、万が一にも米空母が撃沈されれば米軍の威信は地に落ちます。

グアムを射程に入れる中距離弾道ミサイル「ＤＦ26」は通常弾頭と核弾頭を迅速に交換できるように設計され、中国が発射したミサイルが通常兵器か核兵器か識別できず、爆発するまで何を発射したのかわからない恐れがあります。紛争が起きてしまったときに、事態悪化の抑止を一段と難しくするでしょう。

米国はハイテク製品などの輸出を禁じる中国の対象企業を拡大しています。より速く、軌道が読みにくい極超音速ミサイルの開発などに携わる企業に照準を定めているからです。

繰り返しますが、何より重要なのは紛争を起こさせないことです。

中国の習近平指導部は2023年10月、8月末から動静不明だった李尚福国務委員兼国防相を解任しました。7月には核・ミサイルなどを運用するロケット軍のトップ2を同時に交代させ、軍内の「粛正」を急いでいます。

汚職や情報流出の情報が飛び交い、さらにロシアのウクライナ侵攻がいっこうに「成功」しない現実も見て、習氏は人民解放軍に台湾を屈服させるだけの実力があるのか疑問視しているとの見方が米国内でも出ています。だとすれば、米国と同盟国、台湾は備えを強化し、紛争を防ぐための時間を手にすることができます。

いったん有事が起きてしまえば、日本を「巻き込まれないようにする」といった議論は役に立たないでしょう。沖縄にある米軍基地は攻撃対象となると考えるほうが妥当でしょうし、石垣島や与那国島など先島諸島と台湾は目と鼻の先です。台湾や大陸に住む邦人を含めた国民保護、難民の受け入れといった難題が突きつけられることは避けられません。

防衛費を増やすことを決めれば備えは十分、とはとてもいえないのです。２０２４年１月に台湾では総統選挙があります。米大統領選と合わせ、政治の変数も複雑さを増します。民主主義は意思決定に時間がかかります。一方で、台湾の平和を守るためには時間を味方にしなければなりません。たとえ現実から目を背けても、不都合な真実が消えてなくなることも、私たちに都合のよいにかたちに変わることもありません。

From China

時間は誰に味方するか「米3正面作戦」が早める危機

読者のみなさん、こんにちは。北京から書いています。

２０２４年１月13日の台湾総統選は米中攻防の新たな号砲です。２０２４年から２０３２年まで続く台湾新体制を相手取り、中国はどのような手に出るのでしょうか。考察に入る前に、まずは習近平政権による台湾戦略の基本線を改めて確認したいと思います。

中国共産党の台湾戦略は基本的に「アメとムチ」の二重構造です。

アメはいうまでもなく経済です。中台の経済一体化を図りながら、台湾世論が統一を受け入れる方向に誘導していくものです。

中台統一か台湾独立か

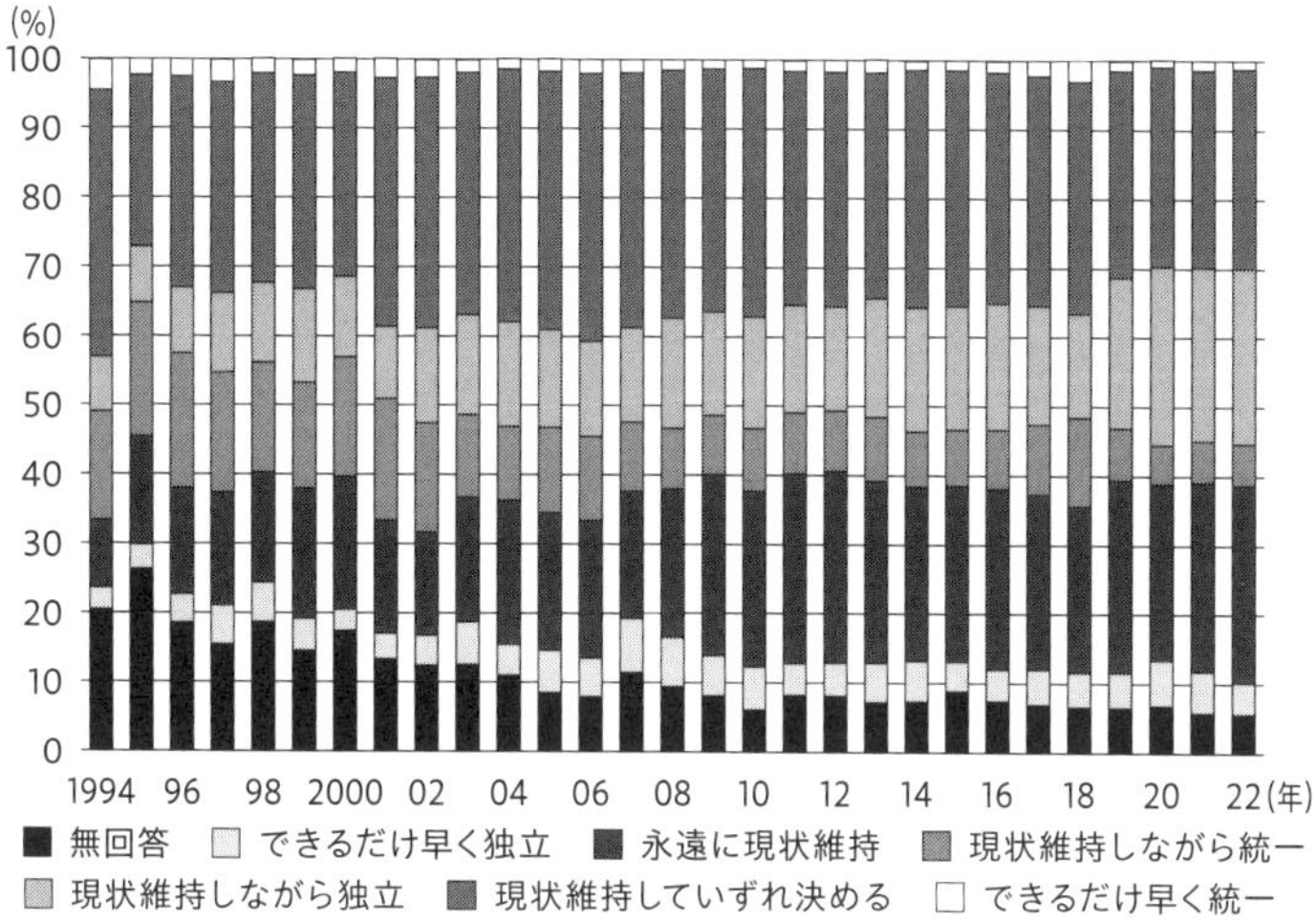

出所）台湾の国立政治大学選挙研究センター調べ

ムチは軍事的恫喝です。「独立の動きに対しては武力行使も辞さない」。習近平《シー・ジンピン》国家主席が述べるこの表現は毎回ニュースで大きく取り上げられています。ただ、同表現は江沢民元国家主席が「江八点」と呼ばれる台湾戦略ですでに言及しており、習政権下で新たな方針として登場したわけではありません。

台湾の国立政治大学選挙研究センターが台湾の将来に関して実施した2022年の抽出調査では「現状維持しながら将来再判断」が28・7%、「永遠に現状維持」が28・5%で、僅差で並びました。続いて「現状維持しながら独立に向かう」が25・4%、「現状維持しながら統一に向かう」は6・0%、「できるだけ早く独立」は4・

6%、「できるだけ早く統一」は1・2%にとどまっています。つまり9割近い人たちがとりあえずは「現状維持」、すなわち決定的な事態は避けようとしているわけです。

この現状維持を少しでも「統一」に近づけると同時に、少なくとも「独立」には向かわせない――。これが中国共産党にとって目下、最低限のミッションです。しかし、従来の戦略は失敗だったとしかいいようがありません。

統一に向けて人々の安心を誘うはずだった「1国2制度」というキャッチフレーズは、香港の民主化運動の弾圧を通じてむしろ人々の警戒を招く存在となりました。国民党をカウンターパートとしてきた従来戦略も、多様化する台湾世論を取りこぼす要因となってしまいました。中国が世界で展開した強硬な「戦狼外交」は民主主義陣営をかえって結束させ、米国や国際社会による台湾関与は強まる一方です。

なし崩し的「融合」への誘い水

習政権はじりじりと減退する統一機運をなんとかテコ入れしようとしています。その1つが従来以上にメリハリの利いた「アメとムチ」戦略です。

「アメ」政策において習政権は「融合発展」というキーワードを打ち出しました。

習氏は「習五条」という習政権における台湾政策のなかで、平和統一について下記のような構想を示しています。

> 両岸の融合発展の深化は、実用的な平和統一の基礎だ。今後も台湾同胞と大陸での発展の機会を共有し、台湾同胞や台湾企業のために同等の待遇を提供し、両岸の共同市場を構築する。両岸は海峡の両側を完全に接続し、経済貿易協力を拡大し、インフラの接続性を高め、資源エネルギーを相互に利用し、業界標準を共通化しなければならない。金門島と馬祖島、福建省の間に水、電気、ガスを通し、橋をかけることもできる。海峡の両側に隣接する地域や同等の条件を持つ地域の基本的な公共サービスの平等化、包括性、利便性を支持する。

同戦略のポイントは中台を一体化した経済体とする「融合発展」にあります。従来の対台湾優遇策はあくまで2つの経済体間の協力関係に力点がありました。協力のメリットではなく、台湾の対岸にある福建省を軸にしながら中台の経済・社会を一体不可分としていく狙いです。

2023年9月12日、中国共産党は台湾総統選の告示日に合わせ、福建省に「融合発展」に向けたモデル地区を建設する方針を発表しました。台湾企業向けの自由貿易試験区の設立や「融合発展基金」の設置、台湾・福建間の交通・共通インフラの強化などです。

すでに先行事例として、台湾が実効支配する厦門市沖の金門島では大陸とのインフラの共通化が始まっています。金門島は水不足が長年の悩みであり、中台は国民党の馬英九政権下の2015年、金門島が福建省から河川水を買い取るプロジェクトに合意し、2018年8月には金門島に福建省から水を供給する海底送水管が完成しました。「同じ家の人は同じ水を飲もう」。これが当時の中国側のキャッチフレーズです。電気やインターネットのインフラを一体化する構想もあります。

中国は台湾海峡に橋をかける計画も練っています。中国政府が発表した2035年までの「国家総合立体交通網計画綱要」などによると、台湾海峡がもっとも狭まる福建省の平潭島から台湾本島を長さ約130キロの橋や海底トンネルで結ぶプロジェクトが立案されています。平潭島と「台湾のシリコンバレー」と呼ばれる新竹を高速鉄道により約30分で結ぶ計画です。

経済・社会のインフラを一体化することで、なし崩し的に事実上の中台統一を実現し、真の統一に持ち込もうとする戦略といえます。

「恫喝」と、その先にある「制脳戦」

一方、武力による「恫喝」も強まっています。

象徴的な出来事が2022年8月、ペロシ米下院議長が台湾を訪問した際の中国人民解放軍による大規模軍事演習でした。初の実射演習が実施された台湾の東側海域も含め島を完全に封鎖する陣形をとったうえ、台湾海峡の事実上の停戦ライン「中間線」の内側で作戦を展開するなど脅威の度合いは高まりました。その後、大量の戦闘機や艦艇による活動や中間線を越えた戦闘機の飛来は常態化しました。台湾新政権下でも、一方で「融合発展」を進めながら、もう一方では軍事的な台湾包囲網をじわじわと狭めていくのは間違いありません。

習政権が進めるもう一つの重要な戦略が「制脳権」を巡る工作活動です。中国はこれまでも台湾で硬軟両様の「三戦（世論戦・心理戦・法律戦）」を展開してきました。「制脳権」とは習政権が三戦をさらに進めて打ち出した新たな概念です。国家や人々の認知領域を支配するための戦いを指し①敵の状況把握能力を失わせる「認知抑制」②虚偽情報により誤った判断を導く「認知形成」③敵の意思決定メカニズムを改竄する「認知支配」――などが想定されています。

習氏は2015年に実施した人民解放軍の抜本改革で、陸、海、空、ロケット軍と並ぶ第5の軍種として情報戦やサイバー戦、宇宙戦を担うといわれる「戦略支援部隊」を設立しました。「令和3年版防衛白書」によると、17万5000人を擁し、そのうち3万人がサイバー部隊に属するとみられます。彼らが侵略をめざす「領土」は現実世界の領土ではなく、人々の頭や心のなかにある領域なのです。

もう一点、中国が今後8年間で力を入れると思われるのが、若者層を中心とした「中間層」の意識変革です。若年層は生まれた時から「台湾人」であり、台湾アイデンティティーを持つ反面、中国に対しても親世代とは異なるイメージを持っています。子供の頃から中国は経済発展を遂げた豊かな地域であり、ゲームやエンターテインメントの最先端地域だったためです。そこで中国はSNSのインフルエンサーなどを利用し、中国の「クール」なイメージを広める一方、反米感情を高めたりする発信にも力を入れています。

今後、国民党や対中進出企業などを軸とした「縦」の世論戦から、若者や庶民など「横」の世論戦への転換を強めていくと思われます。

軍事侵攻の可能性を探る3つの「時間軸」

それでは、中国による台湾の軍事侵攻は本当にあるのでしょうか。

中国も決して「軍事侵攻ありき」ではありません。武力侵攻はあまりにもリスクとコストが高く、「融合発展」で平和統一できるならそれに越したことはないためです。

中国人民解放軍が物量で米軍と匹敵したとしても、作戦遂行能力も含めて台湾制圧が可能な水準に達するのは容易ではありません。そして、いったん軍事侵攻に失敗した場合、今後数十年にとどまらず、もしかしたら永遠にわたって中台統一のチャンスは失われてしまうかもしれません。そうなれば習氏は中国共産党の悲願を成し遂げた英雄になるどころか、中国共産党の歴史に汚点を残した「大罪人」となってしまいます。台湾が自ら独立を宣言するなどの極端な状況に追い込まれない限り、中国側にとっても侵攻は簡単な決断ではありません。

それでも必要な場合には武力行使は辞さない――。これが習政権の姿勢です。

では、どのような状況が武力行使をせざるを得ない場面なのでしょうか。

台湾の独立宣言や突発的なアクシデント以外で考えられるのは平和統一の道筋が見えな

いうちに「台湾統一の期限」が迫ってきてしまう局面です。

それでは、いつが中国共産党にとっての期限なのでしょうか。そして、そもそも期限はあるのでしょうか。

この問題について「習近平氏の使命」「中国の作戦遂行能力」「中国の潜在的体力」という3つの「時間軸」から、武力侵攻を巡る期限を探ってみたいと思います。

習氏は台湾統一に向けて時間軸をつくっています。具体的に「何年まで」と述べているわけではありませんが、様々な指標から習氏のなかの「デッドライン」を浮かび上がらせることができます。

2019年1月2日、習氏は「習五条」と呼ばれる5項目の包括的台湾政策を発表しました。鄧小平氏の「鄧六条」、江沢民氏の「江八点」、胡錦涛氏の「胡四点」「胡六点」から連なる重要文書です。内容は以下の通りです。

第一：「中華民族の偉大な復興」を台湾同胞と共に果たし、平和統一を実現

第二：「一国二制度」の台湾モデルを両岸各政党・各界の「民主協商（対話）」を通じて模索

第三：「一つの中国」の堅持と共に台湾独立勢力・外部勢力の干渉への武力行使を放棄せず
第四：両岸の融合発展と、共同市場や共通インフラなど統一に向けた基礎づくり
第五：中華民族・文化のアイデンティティーを共有し、台湾青年の祖国での夢の実現を歓迎

前政権の胡錦涛氏が示した「胡六点」という台湾戦略では統一という言葉をほとんど使わず、どちらかといえば「現状維持」に力点を置きました。さらに胡氏は「いつまでも待つ」と語り「独立さえしなければよい」というような寛容さまでみせていました。

習氏が定めた「デッドライン」

一方、習氏は「統一は歴史の大勢であり、正道である。『台湾独立』は歴史の逆流であり、破滅への道である」と統一への断固たる決意を示しています。

さらに、第一条においては、台湾統一を「中華民族の偉大な復興」や「中国の夢」と直接結びつけました。「中華民族の偉大な復興」や「中国の夢」は、中国共産党においては2049年の「建国100年の奮闘目標」と重なります。その奮闘目標で習氏は「中国の夢は両岸の同胞の共通の夢だ」「民族の復興に果たす台湾の位置づけや役割を真剣に考え、国家の完全統一の促進によって民族の偉大な復興を共に輝かしい事業にしよう」「中華民族の偉大な復興の過程において台湾同胞は当然、欠かすことができない」と語っています。

これらの言葉は、中国が「社会主義現代化強国」を実現した2049年、「中国の夢」の実現を分かち合う場に台湾同胞も「同じ国の国民」として共にあることを強く示唆しているといえます。さらに習氏は「両岸に政治的分裂が存在する状態を、次の代、その次の代へと先送りし続けることは絶対にできない」とも断言しました。つまり習氏はこれまで漠然と進められてきた統一工作に「デッドライン」を設け、党と自分自身に重いミッションを課したといえるのです。

とはいえ、2049年はいささか遠すぎる目標であり、習氏自身もその頃には指導者ではなくなっているでしょう。そこで習氏は2035年に中間決算ともいうべき段階を設けました。2035年に習氏はまだ82歳。政権の座にいることは十分可能な時期です。

2035年目標は全体的に2049年目標とほぼ同じ項目を盛り込んでおり、2035

年目標が達成できれば2049年目標はその延長線上で実現できる内容となっています。そこから考えれば、台湾問題でも2035年は「2049年までの統一」への道筋が示すマイルストーンと位置づけられていると推測できます。すなわち習氏は自身が指揮をとることができる2035年までに台湾問題における何らかの「成果」を出す思惑であると考えるべきです。

カギは「上陸作戦」の実力獲得にあり

では、次に「中国の作戦遂行能力」における時間軸を考えたいと思います。

第一に軍事能力です。米軍が予測したアジア太平洋地域における2025年の米中軍事バランスによると、中国軍が保有する主力戦闘機は米軍の8倍、戦闘艦艇では9倍、潜水艦では6倍強となります。もちろん米軍は世界最大の軍隊ですが、兵力は全世界に分散しており、台湾有事が起きたとしてもすぐに集結するというわけにはいかないため、アジア太平洋地域においてはすでに軍事バランスの逆転現象が起きつつあるのは事実です。

ただし、この逆転現象は必ずしも中国が「台湾侵攻の実力を手に入れた」とはいえません。台湾侵攻は最終的には台湾海峡を越えての上陸作戦となります。それは中国にとって

海軍の演習に参加する中国の空母「遼寧」=ロイター／アフロ

の最大のネックといえます。

東西南北から一気呵成に島に攻め込み、短期決戦を狙うには大量の兵力が必要となります。もちろん台湾を軍事侵攻する際には①サイバー攻撃で電力や通信などの重要インフラを無力化する②ミサイルで基地や軍事関連施設を攻撃する③大小様々な無人攻撃機が蜂のように軍隊や様々な重要施設を襲う――、などの手段で台湾側の迎撃能力に打撃を与えたうえで上陸作戦に移行するとみられますが、それでも島を制圧するためには最終的に数十万人規模にのぼる兵士の輸送が必要となるでしょう。

ロシアはずっと情報戦やサイバー戦を組み合わせたハイブリッド戦の巧者とみられていましたが、そのロシアですらウクライナ侵攻では結果的に戦車と兵士を大量に投入した地上での消耗戦を強いられています。いくらハイテク時代といえどもITとドローンだけで手を汚さずに侵略戦争ができるわけではないのです。

令和4年版の防衛白書によると、台湾の海軍陸戦隊を含めた陸上戦力は約10万4000人。加えて、有事には陸・海・空軍合わせて約166万人の予備役兵力を投入可能とみられています。

中国は急ピッチで最新鋭の075型強襲揚陸艦の建設を進めています。強襲揚陸艦とは港でない場所で陸戦部隊の上陸作戦を遂行するための専用艦艇で、ヘリコプター用の飛行甲板もあります。075型は排水量約4万トンで、最大30機の攻撃ヘリコプターと最大1900人の部隊が収容でき、人民解放軍は2026年には8隻をそろえる見通しです。この建造スピード自体は驚異的ですが、これだけで上陸作戦がうまくいくわけではありません。兵隊の数も足りないだけでなく、武器弾薬や食糧などの物資の運搬も課題になります。最短でも130キロメートルの距離で大陸と台湾を隔てる海峡の存在は、中国の侵攻を阻む最大の障壁なのです。

米国の指摘によれば、米軍に匹敵する軍備は2026年や2027年には整うかもしれません。しかし、十分な上陸能力の確保や人民解放軍の練度の向上まで求めれば、そこからさらに数年間の時間は必要となるでしょう。中国の軍事侵攻の準備が現実的に整うのは2030年代に食い込む可能性は十分にあります。

「ピーク・チャイナ」がやってくる

次に考慮にいれるべき「時間軸」が「中国の潜在的体力」、すなわち中国の経済力です。中国が台湾に軍事侵攻すれば、米国と真っ向から対峙することになります。その際には経済力でも米国に対抗し得る実力を備えていることが望ましいのはいうまでもありません。できれば、中国としては米国を圧倒する経済力がほしいところでしょう。

一方、逆の見方をすることもできます。中国経済が米国を上回るような成長市場であれば台湾側にとっても魅力は大きく、自然と「融合発展」戦略に取り込まれていく可能性は高まります。しかし、中国の経済が衰退局面にあれば台湾にとっての「融合」のメリットは大きく損なわれます。

その面において、現在の中国経済は微妙な状況にあります。

日本経済研究センターによる2020年12月時点の経済予測では「中国のGDPは2029年に米国を上回る」と指摘されていました。しかし、2021年時点では、その時

GDPの米中逆転はならず

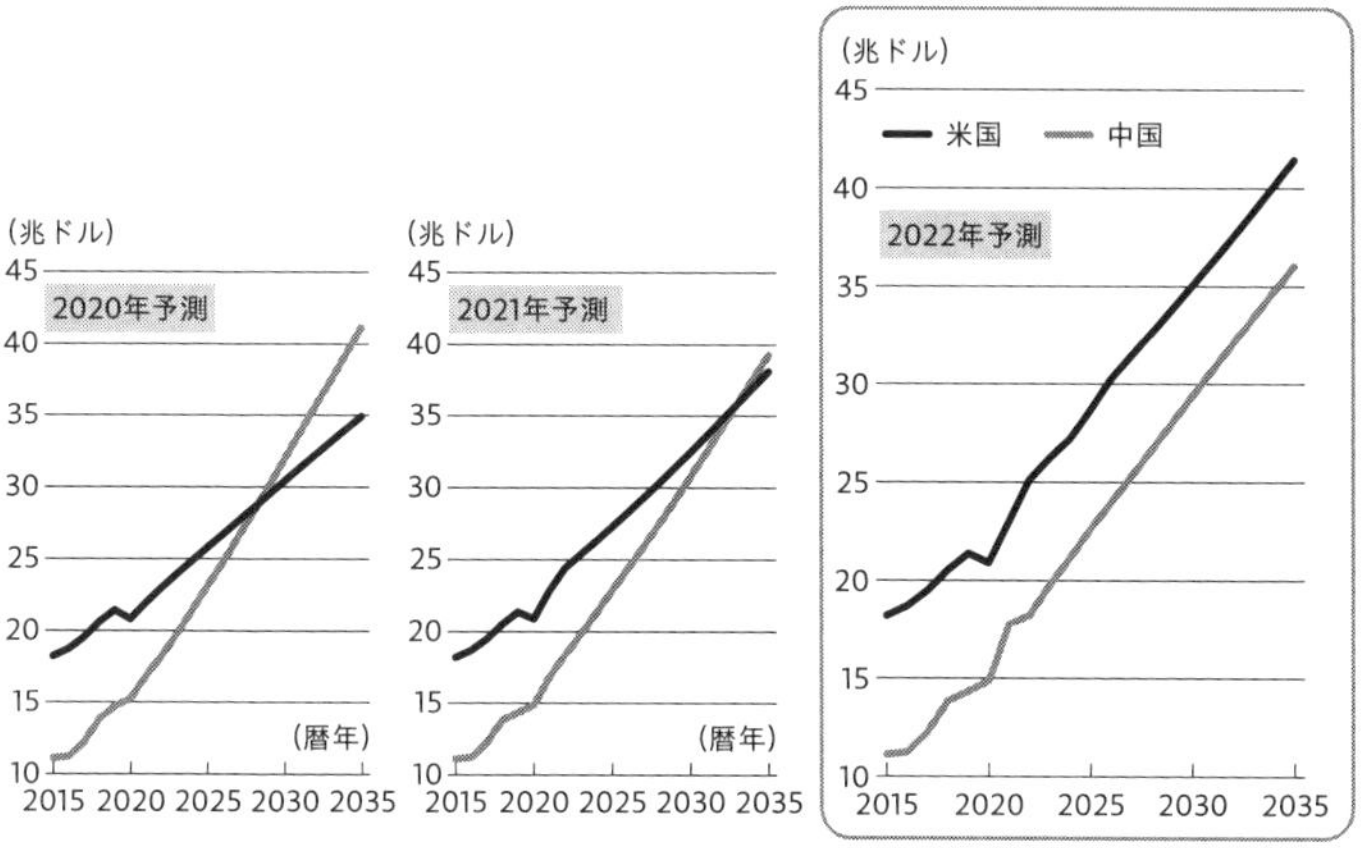

(注) ドル建て名目GDPの推移
(出典) IMF、日本経済研究センター

期が2033年にずれ込みました(いずれも標準シナリオ)。ところが、2022年12月時点の予測では「2035年までに中国の名目GDPが米国を超えることは標準シナリオでもない。2036年以降も中国の成長鈍化は確実視されており、中国が米国を超えることはない」との見通しに変わりました。中国の人口減少が予測より早く始まったことや新型コロナウイルスによる経済失速を踏まえた見直しです。

欧米でも中国の経済が予想以上に早くピークアウトするという「ピーク・チャイナ」説が広まり始めました。英調査会社キャピタル・エコノミクスは「中国経済が世界一になることは決してない。2035年に米国の90%に達し、それ以降は失速する」との予測を発表しました。

　このシナリオが実現した場合、中国にとってみれば2035年までに台湾政策をどうするかとの決断を迫られる可能性が高まります。まず、「融合発展」による台湾の取り込みは中国経済がピークアウトするまでに決着をつけなければ、その後は実現可能性がますます遠のくばかりです。

　そして、軍事侵攻の面でも「ピーク」が大きく影響する可能性があります。ロシアのウクライナ侵攻の事例をみても、上陸作戦における「短期決戦」というのは決して容易ではないのがわかります。いくら準備を整えて臨んでも長期戦に持ち込まれたうえに国際社会から経済制裁を受けて体力勝負となる可能性は十分に考えられます。そうしたリスクを鑑みれば、自国の経済がピークアウトしてからでは米国と対峙した際の勝ち目はますます遠のくと考えられます。

　これらの「時間軸」から考えれば、2030年ごろから2035年までの数年間は米中関係と台湾海峡にとってもっともリスクと緊張に満ちた期間になると考えられます。そして、そのリスクを「増大させるか抑え込むことができるか」の分かれ目は、2024年から始まる台湾新政権下の米中関係にかかっているといえます。

「米国3正面作戦」の悪夢はあるか

ここまで米国と中国の軍事力比較を基盤として中国による台湾軍事侵攻の可能性を探ってきました。しかし、2023年後半に新たに考慮に入れるべき重大な懸念事項が発生しました。イスラエルとパレスチナの衝突です。

イスラム勢力ハマスがイスラエルを奇襲した2023年10月、米国はすぐに米空母ジェラルド・フォードを中心とする打撃群を東地中海に展開しました。イスラエルによるガザ地区への報復攻撃に反発したイランやイスラム教シーア派組織ヒズボラが本格参戦することに備えたものです。イスラエルとパレスチナに加え、イランやヒズボラ、米国が入り乱れて戦えば、長期もにらんだ第5次中東戦争ともなりかねません。

それが現実になった時、もっとも懸念される事態が「米国の3正面作戦」です。

米バイデン政権は、中国との競争に備えるため、インド太平洋地域を「最重要」と位置づけた米軍の再配置を実施してきました。米軍のアフガニスタン撤退は、そうした中国シフトの一環です。

しかし、中東で大規模戦争が始まれば、戦力の多くを再び中東に振り向けざるを得ません。

一方、欧州方面ではウクライナ戦争が長期化しています。今のところ米国や欧州はウクライナに一部の武器を供与するにとどめていますが、ロシアが核兵器を使用すれば欧州各国も参戦するとの見方もあります。欧州発の第3次世界大戦がいつ起きてもおかしくない状況です。そうなれば、米国も今のような関与ですむはずがありません。

そのような状況が数年にわたって続くなかで、もし台湾有事が起きたらどうなるのでしょうか。十分な兵力を東アジアに割くことができない米軍は中国による台湾侵攻を許してしまうかもしれません。

米中の軍事バランスから台湾有事の可能性を占う際、これまでは主にアジア太平洋地域における米軍と中国人民解放軍の軍事力を比較してきました。それはすなわち「世界が平時である時の米軍配置」を前提とした分析です。第3次世界大戦下で米軍が3正面作戦を強いられるという前提に立てば、中国人民解放軍の実力は従来よりも高く評価し直す必要が生じます。私自身、台湾侵攻の時期の可能性について中国人民解放軍の軍事力やオペレーション能力の不足から「数年内」は現実的ではないと指摘してきましたが、世界情勢によってはその認識を改め、シミュレーションを前倒しする必要があるかもしれません。

中国とイラン、ロシアはそれぞれ深い関係を維持しています。もちろん、さすがに現時点で中国、ロシア、イランが「同時蜂起」の相談をしているとは思いませんが、この3カ国がそれぞれ「軍事行動に出る動機」を持っているのは事実です。

いずれの国家も歴史的な地域の覇権国です。それにもかかわらず、それぞれが米国主導の世界において「不当な扱い」を受けていると感じています。各国が「本来ならば、さらに広大な領土を傘下におさめ、もっと輝かしい栄光を浴びてしかるべきだ」と考えているのです。条件さえそろえば、個別の事情でいつ軍事行動に出てもおかしくはない状況です。実際、ロシアはすでにウクライナ侵攻に踏み切ってしまいました。

「第3次世界大戦」「3正面作戦」「同時蜂起」――。いずれもまるで陰謀論の常套《じょうとう》句です。数年前だったら恥ずかしくて原稿には書けなかったことでしょう。しかし、ここ数年で世界は変わってしまいました。あり得ないと思っていたことが突然、日常となる――こうした前提に立ち続けなければ変化には対応できない世界になりつつあります。

そして、米国の3正面作戦が現実になれば、大きな影響を受ける国の1つが日本です。台湾有事や東アジアの動乱にあたり、米軍の支援が想定よりも大幅に削減される可能性があるためです。その時、日本はどうするのか。望ましくない未来も見据えていかねばならない時代が来ています。

いずれにしても、イスラエルとパレスチナの衝突がこれ以上の悲劇を生まないことがもっとも望ましい展開です。イスラム武装勢力ハマスの攻撃で多くの民間人が殺されたイスラエルの怒りはもっともです。そのイスラエルを説得し、中東のアラブ諸国とも連携できる力を持つのはやはり米国です。それが台湾海峡の平和を保つことにもつながるのです。

そのうえで米国の内政や経済動向が世界にとっても大きな変数となるのは間違いありません。最終的には、米国が国内の社会や民主主義も含めた「強靱《きょうじん》さ」を保てるかどうか――が台湾海峡の安定を左右するといっても過言ではありません。米国が弱さをみせれば、「デッドライン」に向けて突き進む習氏に歯止めをかける存在は世界のどこにもなくなってしまいます。

論点 02

米大統領選後の世界のリーダー

AFTER 2024 USA vs. CHINA

From USA

大統領選「不人気カード」軸に、2024年以降の視界曇らす

「最後の決戦だ。2024年11月5日、我々は正々堂々と勝利を手にする」――。ホワイトハウスへの返り咲きをめざすトランプ前大統領の決まり文句です。

その日、米国は大統領選挙の投開票日を迎えます。将来の歴史家は米国だけでなく、世界の行方を左右した日として記録するかもしれません。米国の有権者が「次の4年」を託す人物こそが「2027年」に米軍の最高司令官となるからです。

米中央情報局（CIA）は中国の習近平国家主席が2027年までに台湾侵攻を可能にするべく準備するよう中国軍に指示したと分析しています。2027年は習氏の中国共産党総書記としての3期目の任期が終わる節目にあたり、中国人民解放軍（中国軍）が「建軍

100年」を迎える年でもあります。

揺れる超大国

もちろん、能力を備えたからといって侵攻という決断に直結するわけではありません。逆に、能力がないことが武力行使の回避を保証するわけでもありません。中国を抑止するために外交、経済、軍事とあらゆる手を使い、ようやく平和は保たれます。その決定的に重要な時期のリーダーを選ぶのは、党派対立で分断を深める米国の有権者です。

中国が地政学上の脅威として台頭し、背中に迫る現実に米国民が正面から向き合おうとした直後に、ロシアが隣国ウクライナを侵略しました。旧ソ連との冷戦を勝ち抜き、21世紀も米国を中心に世界が回ると信じていた超大国の人々は危機の時代に揺れています。

第2次世界大戦後80年近くを経て、米国が世界にどう関わるかという問題が大統領選での党派間の争点となってきました。「米国の有権者は外交など意識していない」との指摘があるでしょう。確かにそれは正しい。しかし、現実となった危機に国家としてどう対応するのか。その問いは、いや応なく選挙戦の通奏低音となっています。

ある調査によると、民主党支持者の8割は紛争を長引かせたとしてもウクライナが失っ

2024年は米大統領選とトランプ前大統領の裁判が同時に進む

2023年	
8月23日以降	共和党が討論会を複数回実施
2024年	
1月15日	共和党がアイオワ州で候補者選びを開始
3月4日	2021年連邦議会占拠事件を巡る事件の初公判
3月5日	各州予備選が集中する「スーパーチューズデー」
3月25日	口止め料を巡る事件の初公判
5月20日	機密文書を巡る初公判
7月15～18日	共和党が全国大会で大統領候補を指名(ウィスコンシン州ミルウォーキー)
8月19～22日	民主党が全国大会で大統領候補を指名(イリノイ州シカゴ)
11月5日	米大統領選の投開票
12月	大統領選挙人が各州で投票、当選者が正式確定
2025年	
1月6日	上下両院合同会議で大統領を正式に選出
1月20日	次期大統領が就任

(注) [網掛け]はトランプ前大統領を被告とする裁判日程

た領土を取り戻すのを助けたいと考えています。それとは対照的に、共和党支持者のおよそ半分が戦争の早期終結を望んでいます。その戦争が終わらないうちに、イスラム組織ハマスによるイスラエル攻撃で中東情勢が一気に不安定になりました。

およそ250年前、建国当初の米国は君主制や身分制社会に象徴される欧州と自分たちは別物だという使命感と自負心を抱いていました。欧州政治に巻き込まれず、欧州の西半球への介入を防ぐ孤立主義を外交の基本に据えました。

1917年、米国は第1次世界大戦への参戦を決め、外交方針を大転換します。当時、ウッドロー・ウィルソン大統領は「世界を民主主義にとって安全な場所にする」と国民に訴えました。その後、現在まで米国はユーラシア大陸の平和と安定の確保に関与し続けました。

中国を脅威とみる認識は党派を超えています。保守強硬派でウクライナ支援の縮小を唱える論者も、中国を抑止するための軍備増強を急げと訴えます。では台湾有事が現実となったとき、米世論は一枚岩でいられるでしょうか。国際秩序の危機の芽は台湾海峡やウクライナの戦場ではなく、米国内の大統領選の現場にある――。言いすぎではないと思います。

高齢と伴走者、「熱狂なき本命」に響く不安の二重奏　バイデン氏

「トランプ44%」対「バイデン38%」――。2024年米大統領選の事実上の火蓋は衝撃の数字とともに切られました。

バイデン大統領が再選をめざして大統領選に出馬すると正式に表明した直後の2023年5月、ワシントン・ポスト紙とABCテレビが発表した世論調査結果でした。バイデン氏とトランプ前大統領との「仮想対決」でバイデン氏は「敗北」しました。最大の弱点は年齢

です。

「自己満足に浸っている場合じゃない。民主主義を守らなければならない」

バイデン氏は2023年4月25日朝、3分ほどの動画で再選出馬を正式に表明しました。今の世界は中国やロシアの挑戦にさらされ、米国内ではトランプ氏が扇動する「MAGA（「米国を再び偉大に」の頭文字）」運動が選挙結果さえ否定する――。バイデン氏の世界観です。

バイデン氏は2022年の中間選挙で与党・民主党を善戦に導き、高齢不安を理由に党内に巻き起こっていたバイデン降ろしの声を鎮めました。しかし、不安は消えていません。「健康で活力に満ちた80歳の男性。職務遂行に適している」。2023年2月、バイデン氏がウォルター・リード軍医療センターで定期健康診断を終えると、主治医は太鼓判を押しました。

その直前の世論調査で有権者の8割近くがバイデン氏の再選出馬に否定的だったことを意識したのは間違いありません。夏になっても世論調査の傾向は変わらず、特に45歳未満の若い世代は民主党支持層でさえ約8割があと4年務めるにはバイデン氏は高齢すぎると答えました。2期目を86歳で終える大統領へのためらいが浮き彫りとなっています。

高齢不安だけでなく、全米を回って気づくのはバイデン政権の経済政策への不信感が根

バイデンvsトランプ

ドナルド·J·トランプ		ジョセフ·R·バイデン
1946年6月14日生まれ		1942年11月20日生まれ
第45代大統領		第46代大統領
2023年8月までに4度の起訴を受け、計91件の罪に問われている。穏健保守、無党派層に不人気	弱み	2期目の任期終了時に86歳の高齢、相次ぐ転倒などで不安増幅。伴走する副大統領のハリス氏も不人気
政治経験がないアウトサイダーであることが既存の政治家に不信を抱く層をひき付ける	強み	連邦議会上院議員を36年、オバマ政権で副大統領を2期8年務め、ワシントン政治を熟知

強いことです。米景気は2023年後半になっても好調を保っていますが、インフレに賃上げが追いつかず、民主党を支持する低所得層の評判は芳しくありません。

しかもバイデン氏はもう一つの急所を抱えます。米軍の最高司令官である米大統領に万一のことが起きた際、代わりに責任を担う「ナンバー2」の不人気です。

バイデン氏はハリス副大統領(1964年生まれ)を「伴走者」に据えました。歴史を振り返ると、在任中の大統領の死去に伴い、トルーマン氏やジョンソン氏は副大統領から大統領に昇格しています。

女性、黒人、アジア系で初の副大統領であるハリス氏は移民問題で「国境に来ないで」と口走るなど共感力の乏しさを露呈し、不人気が際立っています。共和党はハリス氏をバイデン政権の弱点とみて「バイデン氏への投票はハリス氏に投票することに等しい」（ニッキー・ヘイリー元国連大使）という論陣を展開しています。

奇妙な「運命共同体」

バイデン陣営は2023年4月の出馬表明から6月末までに民主党とともに7200万ドルを集めました。同時期にトランプ陣営が3500万ドル集めたのと比べても再選への執念は本物です。

それでも支持者に「熱狂」はありません。民主党は大統領候補と「恋に落ちたがる」と言われます。ビル・クリントン氏やオバマ氏のように支持層を熱気で巻き込む候補を得たときに民主党は大統領選に勝利しました。保守のイデオロギーに染まる共和党と違い、雑多な利益集団の集まりである民主党は党内を結束させるためにより多くの熱量が要ります。

「熱狂なき本命」であるバイデン氏は次男ハンター氏の訴追という醜聞も抱えます。そして2023年10月に急浮上したイスラエル・パレスチナ問題も足かせです。

バイデン大統領の支持率・不支持率の推移

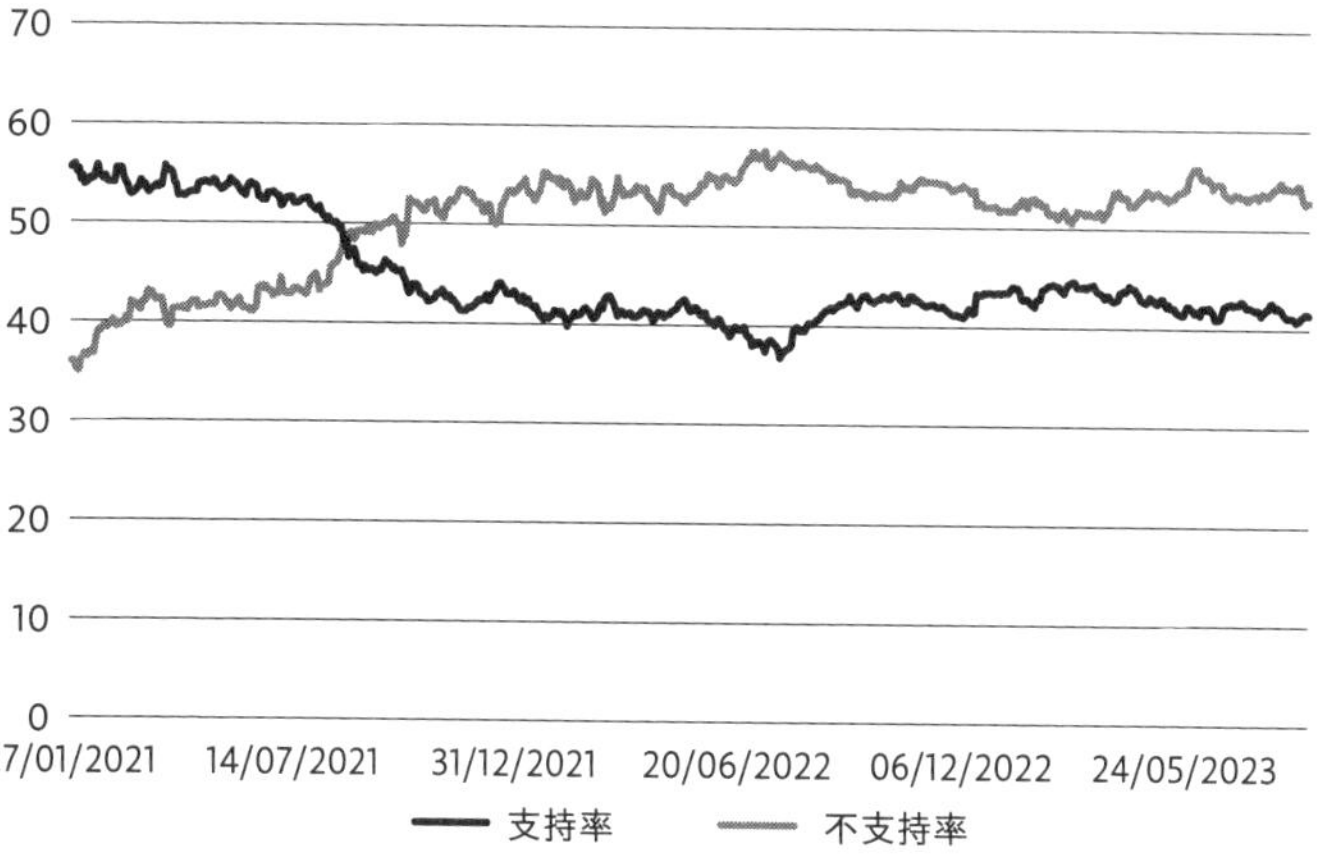

（注）米リアル・クリア・ポリティクス集計

米国でイスラエル・ロビーが強力なことは有名です。それだけでなく、イスラム組織ハマスがイスラエルで民間人を無差別に殺害し、拉致する映像は米世論の怒りに火をつけました。一方で、ユダヤ系のリベラル層やイスラム系移民も多い若い世代になるほど、強権に傾くイスラエルのネタニヤフ政権には違和感を覚えています。

イスラエル軍の反撃で死者が増えるパレスチナ人に対する同情論も根強く、民主党支持層は割れています。民主党内の左派や有色人種系の議員らは「残虐行為、戦争、暴力は前向きな結果をもたらさない」（ボニー・ワトソン・コールマン下院議員）と即時停戦を求めました。大統領選が1年後に迫るなか、バイデン氏の再選戦略を支える党内の結束が乱れています。対応を誤れば選挙戦への悪影響が広がるでしょう。

逆に、バイデン氏の強みは「トランプ阻止」の実績です。共和党候補がトランプ氏以外となればバイデン氏再選をめぐる不協和音が民主党内で再燃しかねず、2人は奇妙な「運命共同体」といえます。

「甘く見るべきではない」。2023年6月、バイデン氏とオバマ元大統領はホワイトハウスで昼食をともにし、トランプ氏の岩盤支持層に警戒を高めました。実際、7月のニューヨーク・タイムズ紙の世論調査でも「バイデン対トランプ」は「43%対43%」で拮抗しました。

8月初め、バイデン氏は別荘のあるデラウェア州のレホボスビーチで休暇を過ごし、さっそうとサイクリングする姿を見せつけました。1年ほど前には同じ場所で自転車から降りようとして足がペダルにひっかかり転倒。2カ月前にはコロラド州の空軍士官学校の卒業式に出席し、壇上でつまずいて転んだ姿が記憶に残ります。

拭いきれない「高齢不安」をいかに薄めるかが選挙戦の最重要課題です。バイデン氏は父祖の地アイルランドの詩人ヒーニーの言葉を好んで引用します。「待ち望まれていた正義の高波が押し寄せ、希望と歴史が響き合う」。民主主義を守るという正義を掲げるだけでなく、いかに「希望」の音色を加えられるのか。それが2024年の命運を分けます。

乱戦の共和党、「報復の扇動者」トランプ氏が主導

「彼は14億人を鉄拳で動かす。賢く、素晴らしく、すべて完璧。ハリウッドにもこんな人はいない」。トランプ前大統領は2023年7月、中国の習近平国家主席をこうたたえました。

前の月に国防に関わる機密文書の私邸への持ち出しを巡り起訴されたばかり。その直後に登壇したノースカロライナ州の共和党集会では「選挙妨害だ」とうそぶき、こう続けました。「共産主義者が私を滅ぼすか、私が共産主義者を滅ぼすかだ」

トランプ氏は政敵を「共産主義者」と呼びます。米国の保守層に染みつく共産主義への恐怖心をあおる狙いです。中国共産党の習氏を称賛する矛盾など気にしません。共和党の大統領選候補の座を争うライバルを子供じみたあだ名で嘲り、聴衆の笑いを誘います。

恐怖と快楽。トランプ氏の話術は人の基本的な感情を刺激します。「彼の言動がめちゃくちゃなのは分かっている。それでも既存の政治家では何も変えられないから、彼に期待してしまう」。ペンシルベニア州の郊外で2人の娘を育てる女性教師はこう話していました。

「不当に扱われ、裏切られた人々のための報復者となる。私はあなたの報復者だ」。3月、ポルノ女優に不倫の口止め料を支払ったとされる問題に関連して最初の起訴が決まる直前、

保守強硬を売りにするフロリダ州のデサンティス知事=筆者撮影

トランプ氏はワシントン郊外の強硬保守が集うイベントでこう訴えました。

なぜ「起訴されているにもかかわらず」トランプ氏は保守層の支持を得ているのかと疑問を抱くかもしれませんが、実態は「起訴されているからこそ」支持されています。

デンバー大学のセス・マスケット教授は「トランプ氏は『私はあなたたちとともにあるからこそヤツらに攻撃されている』と支持者を奮い立たせ、熱狂させる」と指摘します。

3、6月の起訴後、トランプ氏の党内支持率は高まり、2位のデサンティス・フロリダ州知事との差を広げました。8月1日には20年大統領選の敗北結果を覆そうと21年1月の連邦議会占拠事件を扇動した容疑で起訴されました。さらに20年大統領選のジョージア州

トランプ氏の共和党内での支持は起訴後も衰えず

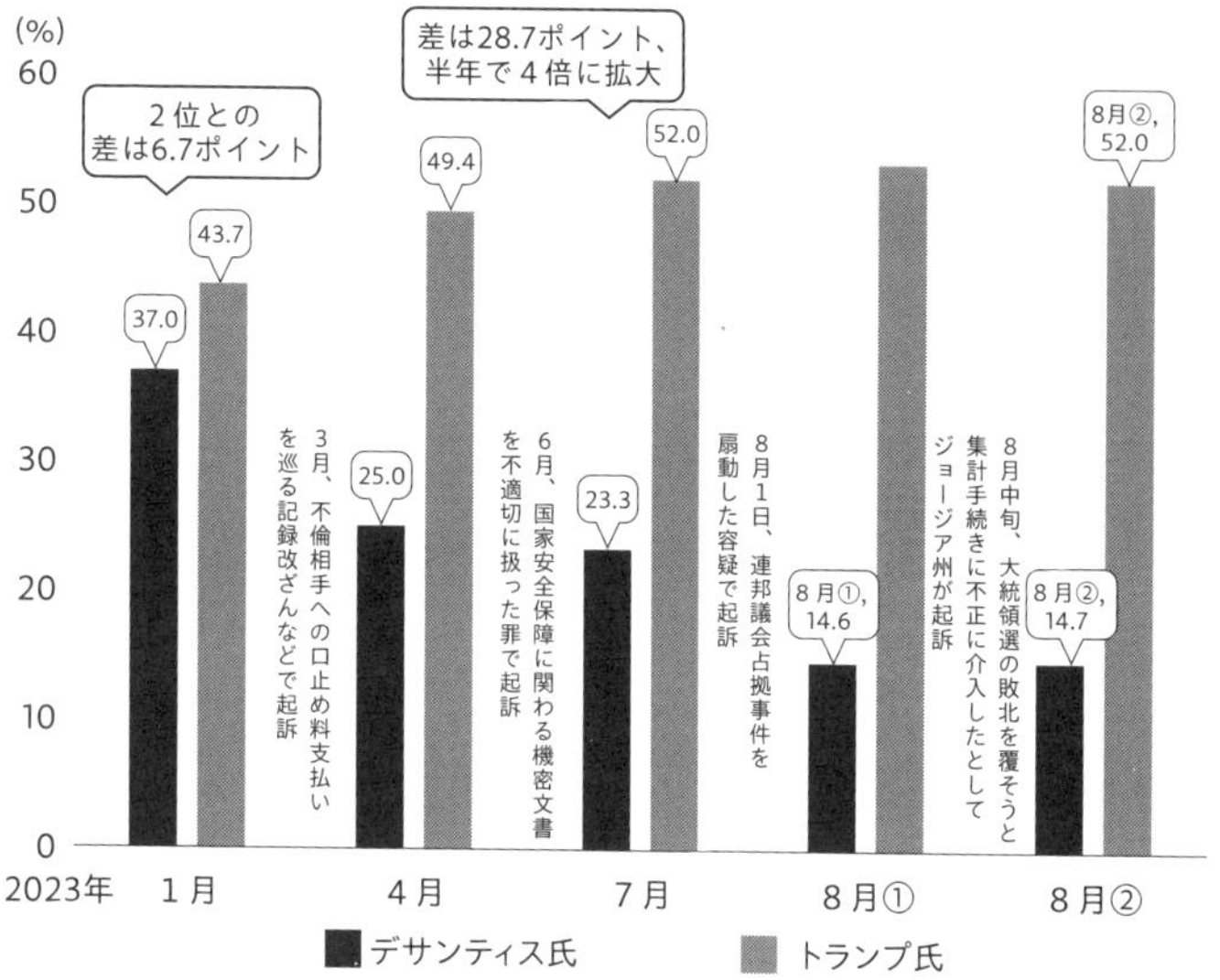

（注）各月は5日時点、8月①は5日、②は25日時点、米ファイブ・サーティー・エイト集計の平均値

の集計手続きに不正に介入したとして、同州大陪審も起訴に踏み切りました。

5カ月間で4度目の起訴となり、計91件にのぼる罪に問われています。刑期を単純計算すれば700年を超えるそうです。

相次ぐ起訴、それでも強固な人気

トランプ氏は仮に有罪になっても選挙を戦えるとみられています。合衆国憲法は大統領立候補の条件を米国生まれで満35歳以上などと定めるものの、起訴や有罪判決への言及はありません。トランプ氏の政治活動委員会（PAC）「セーブ・アメリカ」は2023年1〜6月に約3000万ドルを支出しましたが、うち約2000万ドルは訴訟関連の費用でした。罪を問われる前大統領が返り咲きをめざす「異常」はすっかり常態となってしまいました。

「政敵に対する迫害だ。米国で起きてはならないことです。共和党の予備選挙でも、バイデンに対しても大差をつけてリードしている人物への迫害だ」。トランプ氏は23年8月3日、首都ワシントン近郊の空港でこう言い放ちました。

もちろん、無傷ではありません。20年選挙の敗北結果を覆そうとした容疑で起訴された2日後、ワシントンの連邦地裁での罪状認否で無罪を主張しました。裁判所周辺にはトランプ支持者を上回る「反トランプ」の人々が集まり、「収監せよ」などと叫びました。

3度目の起訴直後のロイター通信の世論調査では共和党支持層の45％は仮にトランプ氏が有罪になった場合、2024年大統領選の本選で同氏に投票しないと答えました。それでも共和党の集会を訪れると、トランプ支持者は「起訴なんて気にしない」と言い切ります。世論調査でも共和支持層の75％がトランプ氏の起訴を「政治的動機」によるものとみています。

共和党は2024年1月15日に大統領選候補を絞り込む初戦、アイオワ州党員集会を開き、7月の党大会で正式に擁立候補を決めます。各州の予備選が集中する3月5日の「スーパーチューズデー」の前日、トランプ氏は連邦議会占拠事件を巡る事件の初公判を迎え、そのすぐ後には口止め料に関する事件の初公判があります。機密文書事件の初公判は5月20日からです。選挙戦と公判が同時並行で進む異例の展開です。

逆風が強まる兆しもあります。南部ジョージア州での2020年大統領選の敗北結果を覆そうとしたとしてトランプ氏ら計19人が起訴された事件をめぐり、トランプ氏からの「離反」が相次いでいます。陰謀論を強硬に主張した弁護士の被告らが司法取引に応じるなど、減刑の代わりにトランプ氏を「裏切る」動きが続きました。

「トランプは過去ばかりみている」。保守派に影響力を持つ全米最大の銃ロビー団体・全米ライフル協会（NRA）元会長、デビッド・キーン氏にトランプ氏を支持するかと質問すると、「トランプ氏以外」をできれば候補に選びたいとの考えを示しました。

とはいえ、前大統領であるトランプ氏の「人気」は強固です。本人が出馬を諦める事態もなかなか想像できません。

2023年8月23日夜、ウィスコンシン州ミルウォーキーで共和党の候補指名に向けた最初の討論会が開かれました。一定の基準を満たす主要候補だけで8人が参加する乱戦です。

トランプ氏の姿はありませんでした。党内の半分の支持を得て2位以下に大きく差をつけるなか、討論は無意味だと「不戦勝」を決め込んだのです。大口献金者や保守系メディアに「トランプ離れ」はみられるものの、トランプ氏は草の根の保守層の心をつかんでいます。「起訴されるたびに我々は世論調査で大きく上昇する。この選挙を締めくくるには、あと1つ起訴があればいい」。トランプ氏は3度目の起訴の直後、こううそぶきました。民主党は無党派が加わる大統領選本選はバイデン大統領に分があると「期待」しますが、2人の再対決なら大接戦となるのは間違いないでしょう。

「本命」2人の対決が崩れる条件は

2024年1月から始まる共和党の候補者指名争いが近づくにつれて「民主党と戦う11月の大統領選の本選で本当に勝つことができるのか」という議論がさらに熱を帯びていきます。高齢不安がつきまとうバイデン氏も、共和党候補が「トランプ氏以外」なら本選で勝てる見込みが低下するため、民主党内で別の選択肢を探る動きが広がりかねません。

共和党内では大統領選の候補指名争いに名乗りを挙げている人が「ナンバー2」に転じる可能性もあります。トランプ氏が欠席した討論会で存在感をじわじわと高めたのは、主

共和党内で大統領選の候補者指名争いに名乗りを上げるニッキー・ヘイリー(左上)、ティム・スコット(右上)、ビベック・ラマスワミ=筆者撮影

要候補のなかで唯一の女性で、1972年生まれのニッキー・ヘイリー元国連大使です。トランプ支持者に目の敵にされたペンス前副大統領が資金難から早々に選挙戦撤退を余儀なくされ、穏健な保守層の支持がヘイリー氏に集まる可能性が高まりました。

同じく共和党の討論会で目立った1985年生まれでインド系のビベック・ラマスワミ氏。起業家のラマスワミ氏は「私だけが唯一、買収されていない」などと主張し、自分以外の候補は既存政治に取り込まれていると訴えています。アウトサイダーを売りにする手法はトランプ氏と同じで、このラマスワミ氏を「外交政策を分かっていない」と切り捨てたのがヘイリー氏でした。

選挙戦からは撤退しましたが、黒人のティム・スコット上院議員（1965年生まれ）も「米国人であることを誇りに思う」といった前向きな発言に定評があります。保守強硬派に人気のサウスダコタ州のクリスティ・ノーム知事らも副大統領候補の下馬評に挙がっています。

共和党の大統領候補として「トランプ氏以外」を求める声もくすぶっています。トランプ氏の亜流では本家を超えられず、あからさまな反トランプは「MAGA」主義者の反発を招きます。ほどよい距離感の大統領候補が後から登場してくれないか――。そんな期待を込めて保守派が挙げる人物の代表格は、南部バージニア州のグレン・ヤンキン知事です。元投資ファンド幹部で、2021年の知事選ではトランプ氏と距離を置きながら、無党派層の支持を取り込んで民主党候補を破りました。

「第3党」はバイデン氏の支持をそぐ

民主、共和の二大政党以外の動きも侮れません。党派対立にうんざりした無党派層の受け皿ということ以上に、バイデン大統領の再選を阻む「刺客」となりうるからです。

「既存政党は極右と極左になった。みんな嫌気がさしている」。マンチン上院議員（ウェストバージニア州）は2023年7月、ニューハンプシャー州で聴衆に語りかけました。与党・民主党の一員ながらバイデン政権の財政拡大策に反対する「党内保守派」です。常に政局の中心に姿を見せ、首都ワシントンに滞在するときはポトマック川に浮かぶ「まるで天国（Almost Heaven）」という名の白い高級ヨットで暮らしています。

「ノー・レーベルズ（No Labels）」の集会のことでした。10年以上前に非営利団体として発足し、「穏健」な政策の実現をめざして議会の超党派活動を支援してきた運動です。2024年大統領選の独自候補擁立を視野に7000万ドルを集めるとうたっています。共和党のハンツマン元ユタ州知事も登壇し、司会は「正副大統領候補の組み合わせか」とはやしました。

「ノー・レーベルズがスポイラー（妨害者）となり、トランプと共和党に有利に働く可能性が高い」。オバマ元大統領の側近だったデビッド・アクセルロッド氏はツイッター（現X）で警鐘を鳴らしました。2024年大統領選が「バイデン対トランプ」となれば、「第3党」に票を奪われるのは前大統領ではなくバイデン氏だとの警戒を民主党は強めています。

岩盤保守層が支える前大統領から票を奪うには「さらに右寄りの候補」が要ります。これに対し、民主党内でもバイデン政権を支持する急進左派を嫌う人々は「穏健」の看板にひかれやすく、「第3党」はバイデン氏の支持層を侵食するとの見立てです。ノー・レーベルズの政策集には政府債務の削減といった「財政保守派」の原則が並んでいます。資金源として不動産王ハーラン・クロウ氏ら保守派の大口献金者の名前が取り沙汰されていることも「保守派の放った刺客」との疑いを濃くしています。

これとは別に、民主党候補として指名獲得をめざしていた弁護士のロバート・ケネディ・ジュニア氏も無所属に切り替えて大統領選に出馬すると表明しました。故ジョン・F・ケネディ元大統領のおいです。「反ワクチン」を唱える人物ですが、再選をめざすバイデン大統領がいるにもかかわらず民主党内で十数%の支持を得ていました。民主党内にくすぶる「バイデン氏への不安」を測るバロメーターだといえます。

2020年の前回選挙もウィスコンシン、アリゾナといった一部の激戦州の得票率が2~3%動くだけで、大統領選の結果がひっくり返るほどの接戦でした。米ギャラップによると4割前後の有権者は無党派を自認しています。実際に投票に行けばほとんどの人が二大政党のいずれかに票を投じる米国ですが、第3党が結果を左右したことは過去にもあります。

1992年大統領選では実業家ロス・ペロー氏が第3の政党から出馬して共和党票が分散し、第41代大統領ブッシュ氏が再選を逃しました。逆に2000年選挙では緑の党ラルフ・ネーダー氏が参戦し、民主党のゴア候補が敗れる一因となりました。

「高齢のバイデン氏」と「起訴された前大統領」の再戦はそもそも不人気のカードです。その遠心力が2024年以降の米国の選択と世界の行方を一段と見通しにくくしています。

From China

習政権を襲う異変 体制を揺るがす誤算とは

中国では2022年10月の第20回中国共産党大会で習近平党総書記の3期目政権が発足しました。これまで中国では党総書記の任期は憲法で「2期10年」と定められていました。文化大革命を教訓として1人の人間による独裁を防ぐための制度です。しかし、習氏は2期目の国家主席に選ばれた2018年3月の全国人民代表大会で憲法を改正し、この任期を撤廃してしまいました。

習氏にとって1期目と2期目は、様々な政敵を退けながら党の仕組みを改革し「史上最弱の国家主席」ともいわれた習氏が盤石な権力基盤を確立するための闘いの日々でした。習氏にとっては、2期10年かけて自らに権力が集中する仕組みを構築し、3期目にしてようやく党・政府・軍の要職を習派で固めることができたのです。つまり3期目からこそが真の「習近平政権」の始まりだったのです。

盤石の習氏を襲った3つの異変

しかし、政権初年の2023年、盤石であるはずの政権に相次いで異変が起きました。

第一に経済の異変です。新型コロナウイルスの猛威が終わり、国内外で中国経済のV字回復が期待されたにもかかわらず、景気は著しく失速したままです。不動産開発大手の債務危機は金融危機のリスクを増大させ、失業への不安を抱えた人々の消費は低迷し、物価は下落の道をたどりました。

第二に政治の異変です。3期目政権においてはほとんどの要人を習氏自身が人選したにもかかわらず、閣僚や軍の要人らが相次いで失脚する異常な事態に陥りました。

第三に社会の異変です。改正反スパイ法の施行を機に国家安全省が前面に立って国民総動員でのスパイ摘発を呼びかけるようになりました。その結果、中国社会では文化大革命さながらの相互監視の気配が濃厚に漂い始めました。

こうした異変は、結果として2024年以降の習政権の形や政策の方向性を大きく変える可能性があります。それぞれの異変の背景を探りながら、今後の習政権への影響をみていきたいと思います。

狂った「未来設計図」

まず経済の異変から考察します。

中国経済の苦境は中国が長年抱えてきた巨大な矛盾に端を発するものです。不動産投資に過度に依存した中国経済は「不動産価格は永遠に上がり続ける」という神話のみに支えられてきました。それはリスクの極大化や経済格差の拡大と背中合わせでもありました。

皮肉なことに、このゆがんだ経済構造を是正しようとする習氏の取り組みが、中国経済が行き詰まる直接の引き金を引くことになりました。

習氏は2020年8月、「住宅は投機するものではなく住むものだ」と訴え、「3つのレッドライン」と呼ばれる厳しい財務指針を不動産業界に課しました。富めるものがますます富み、不動産への投機を生む要因ともなっていた税制の不備を改め、相続税や不動産税を導入する方針も鮮明にしました。

しかし、その試みは挫折しました。不動産業界の想定以上の自転車操業により金融リスクが一気に噴出したことや、折しも新型コロナウイルス禍が長期化したタイミングにぶつかった不運が背景にあります。

結果として、習政権は「一度乗り出した構造改革の撤回」という、やってはならない一手に追い込まれました。

政府は冷え込んだ不動産市場を活性化させようと躍起ですが、いくら政府が住宅投資喚起策を掲げても簡単には人々の心には響きません。市場が再び上昇基調に戻れば政府がいつまたバブル退治に乗り出すかわからないという疑念と恐怖心が人々の心を支配しているためです。だからこそ、構造改革はやりかけた以上は一気呵成《いっきかせい》に突き進めなければならないものなのです。

景気が冷え込んだなかでは不動産依存の構造改革もままならない。一方で、不動産投資という従来の唯一の牽引役にも期待できない――。中国経済は対処のしようのない状態に陥りました。財政出動や金融緩和を求める声も多いですが、いずれにも大きな制約が横たわります。

財政出動には地方の債務問題が障害となります。地方政府傘下の投資会社、融資平台は巨額の債務を抱えるうえ、税収減やインフラへの過剰投資による採算悪化の指摘もあり、さらに債務を増やせば地方財政発の金融リスクを高めかねません。

中国地方政府の「債務」は2027年には3300兆円（165兆元）へ

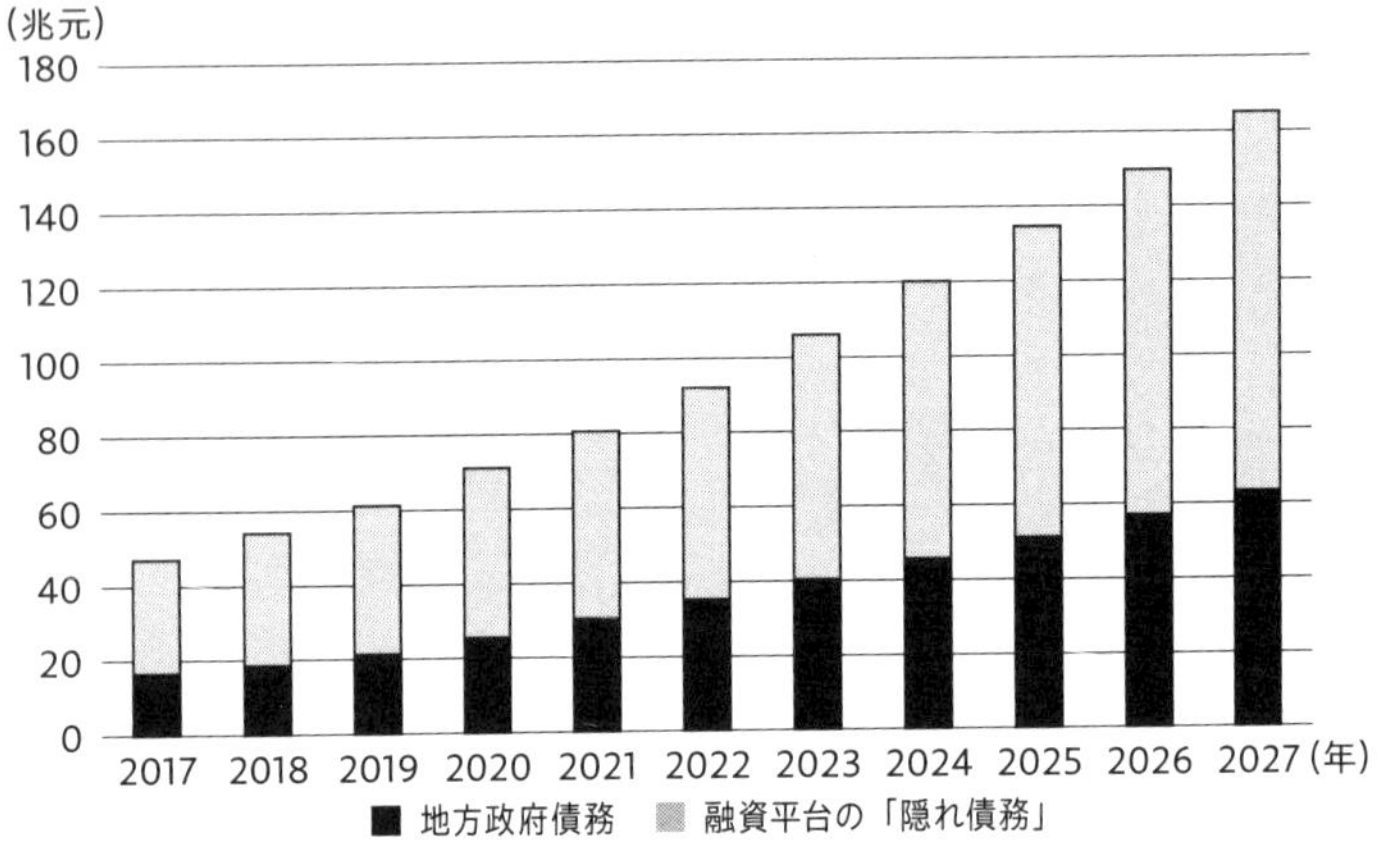

（出典）国際通貨基金（IMF）見通し（2023年2月時点）

金融緩和も大胆な措置には踏み切りにくい状況にあります。米中金利差を背景に人民元安が一段と進み資金流出を誘発する恐れがあるためです。

政府は消費を経済の牽引役にしたいと考えていますが、個人の財布のヒモは固く締まったままです。消費券の配布など家計への直接支援策を求める声も出ていますが、そもそも家計の貯蓄は歴史的な水準に積みあがっています。住宅購入や消費低迷の根底にあるのは単純な資金不足ではなく、政策や未来への信頼感の喪失なのです。

この結果、3期目以降の習政権の設計図は大きく狂いました。

本来であれば、2期目中に経済格差の根源的な原因となっていた住宅バブルを抑え込み、相続税などの税制を整備したうえで、3期目からは満を持して「共同富裕」など習氏がめざす「理想の社会」の実現に乗り出すはずでした。しかし、経済はもはや前にも後ろにも進めない状況になってしまいました。

資本主義の常識からみれば、現在の中国の金融システムや一部企業の破綻は避けられない状況に陥りつつあります。それでも中国共産党は西側とはまったく違うルールで銀行や国有企業を動員し、急激な破綻は回避していくとみられます。しかし、それは問題の先送りにすぎません。

病巣の根源をわかっていながら対処できない――。成長を支えてきた巨大な人口も減少に向かっており、中国は今後、矛盾を膨らませ続けながら経済成長が停滞する「失われた数十年」へと突入する恐れは高まっています。そして、それは世界経済が直面するリスクでもあるのです。

「自壊状態」に陥った人民解放軍ロケット軍

そして第二、第三の異変、すなわち政治や社会に起きている異変も中国の将来に大きく影を落としています。

この異変の背景にあるのは、習氏の心の底に根付いている疑心暗鬼です。本来ならば、習氏3期目政権は習氏に忠誠を誓う人材で要職を固め、盤石の体制のはずでした。しかし、習氏自身がどんな配下も最終的には信じられないのであれば、いつまでたっても組織は「砂上の楼閣」であり、永久に「盤石の体制」が築かれることはありません。

そして習氏が抱える疑念を水面下であおっているのが米国です。この問題は中国の内政問題でありながら、限りなく米中対立の最前線でもあるのです。

3期目政権で始まった一連の粛清の中でも、大きな影響をもたらしたのが中国人民解放軍内の調査と要人らの失脚でした。きっかけとなったのが、米空軍大学の中国航空宇宙研究所が出した報告書です。そこには中国人民解放軍ロケット軍の部隊・組織構成や住所、幹部らのデータがまるで名簿や住所録のように詳細に記されていました。

中国で軍の組織構成や大半の組織の所在は公にされません。同研究所がこのような内部情報を入手したことにも驚きますが、それをほとんど加工していないような形で公開したのも異例といえます。この報告書は一種の「暴露」であり、物議を醸すのはあらかじめ想定できたはずです。そうなると、このデータは中国人民解放軍に大きな衝撃と混乱をもたらすことを前提に公開されたと考えたほうがよいのではないでしょうか。

実際、人民解放軍はその後「自壊状態」に陥りました。ロケット軍のツートップである司令官と政治委員の後任にはミサイル畑とは無関係の海軍や空軍出身者が就任しました。作戦遂行よりも組織の調査と立て直しを優先したためとみられます。調査の過程で汚職や様々な不正も次々と明るみに出ているとみられ、台湾侵攻に欠かせないミサイル部隊の組織は文字通り「ガタガタ」の状態です。

綱紀粛正はロケット軍を超えて広がりました。習氏が引き上げた李尚福国防相も突如失脚したほか、中央軍事委員会委員を始めとする軍上層部の要人らが次々と「調査中」と噂される事態となりました。このような状態で軍が浮足立つのは間違いなく、習氏が訴える「米軍に匹敵する強軍建設」など足元ではとても取り組める状態にはありません。つまり米国が繰り出したロケット軍の報告書という「紙のミサイル」は的確に人民解放軍を撃ち抜いたといえます。

ただし、この粛清の嵐は、直接的には習氏の権力弱体化にはつながらないとみています。今回の粛清は、習氏が政敵を排除していった1期目、2期目とは異なり、失脚しているのはすべて習氏が自ら引き上げた幹部ばかりです。日本であればすぐに任命責任が追及され、トップの辞任問題に発展する状況ですが、中国共産党では強力な権力者を前にして「任命責任」という概念はありません。クーデターを起こした林彪と毛沢東の関係しかり「引き上げてもらったのに期待を裏切った幹部の方が万死に値する」というのが理屈です。

むしろ今回、「習派に入ることができた」と思っていてもバッサリ切られる事態を前にして、恐怖による支配と面従腹背が加速する可能性があります。そうなれば習氏の権力は逆に強まる方向に動くわけですが、実はこちらのほうが中長期でみれば国家として危険な兆候といえます。恐怖で支配されたそのような組織は本質的には脆弱な組織にほかならず、皆がおかしいと認識していながら泥沼にはまるように衰退への道を選択していってしまう恐れがあります。

なによりも習氏の心でむくむくと広がる「疑心暗鬼」の影響は計り知れません。習氏は国内視察に出かける際、以前とは違って「専用機で空港に着いた」というニュースはみかけなくなりました。飛行機の使用はやめたのか、それとも情報公開をやめたのか。いずれにしても安全上のリスクを懸念している可能性があります。

習政権を揺るがす「埋伏の毒」

社会では国家安全省主導で「反スパイ」の取り締まりに向けた住民の教育が強化されています。

国家安全省は「国家安全人民防衛ライン」と銘打ち、反スパイへの国民総動員を呼びか

中国各地で「総体国家安全観主題公園」のような啓蒙施設ができている（広州市）＝筆者撮影

けています。改正反スパイ法の施行以降、中国中央テレビ（CCTV）のニュースチャネルでは、反スパイのための啓蒙番組が頻繁に流れるようになりました。「スパイに狙われるのはどんな人物か」「海外で脅されてスパイにされたらどうすべきか」――。わかりやすい説明の後、最後に伝えられるのは「12339」というナンバー。国家安全機関直通のスパイ通報番号です。

庶民にとっても「反スパイ」は日常になりつつあります。各地では「総体国家安全観主題公園」という公園がつくられ、公園を散歩するだけで「核安全」や「政治安全」「国土安全」「海外利益安全」など習氏が唱える16個の「安全観」がアタマに入るようになっています。そうした場所でも目立つのは、あちこちに掲げられた「12339」という表示です。

住民そのものが秘密警察化した相互監視社会――。監視カメラ網よりもずっと恐ろしい、文化大革命のような事態が現実になりつつあります。

トップが自ら引き上げた忠臣さえも信じられなくなる事態は国家を少しずつむしばみます。そして過酷な綱紀粛正が行き過ぎれば、党にも軍にも人材はいなくなってしまいます。さらにいえば、社会で密告が常態化すれば、新しいことや社会を変える試みに挑戦しようという人々の向上心も失われてしまうでしょう。

習氏の心にまかれた疑心暗鬼の種――。それこそが米国が中国の台頭を遮るために送り込んだ真の刺客、習政権を足元から崩す「埋伏の毒」といえます。

論点 03

米中経済、新冷戦の勝者は

AFTER 2024 USA vs. CHINA

From USA

高水準続く中国依存、しかし「火種」は国内にあり

44項目のうち37項目で中国が首位――。オーストラリアのシンクタンク、豪戦略政策研究所（ＡＳＰＩ）が２０２３年3月に発表した経済や社会、安全保障などに関わる先端技術の国別ランキングは米国内で大きな関心を集めました。

「先端素材・製造」「人工知能（ＡＩ）・通信」「エネルギー・環境」「量子技術」「バイオ・遺伝子」「検知・航法」「防衛・宇宙・ロボット」の7分野を44に細分化した項目のうち、8割超で中国が首位を占めました。これに対し、米国がトップだったのは量子コンピューティング、ワクチン、宇宙打ち上げシステムなど7項目にとどまる、という内容でした。

一方、米地質調査所（ＵＳＧＳ）によると、米国が95％以上を輸入に頼る20種の重要鉱物

などの資源のうち、電子材料のガリウム、蓄電池に使うグラファイト（黒鉛）、レアアース類など8種は中国が最大の供給元となっています。いわば米国は中国に首根っこを押さえられている状態に甘んじてきたといえます。

実際、中国は2023年10月下旬、12月からグラファイトの輸出を許可制にすると発表しました。グラファイトは世界生産の3分の2を中国が握ります。米国、日本、欧州などの電気自動車（EV）関連企業では調達難の恐れが広がっています。

経済と安全保障を切り離すことはできなくなりました。その中核となるのが技術、テクノロジーです。技術覇権を制するための争いが「アフター2024」の世界を左右する米中間の主戦場の1つとなります。

求められる「新しいコンセンサス」

「デカップリング（分離）ではなく、デリスキング（リスク回避）」

広島での主要7カ国（G7）首脳会議（サミット）が閉幕した2023年5月21日、宿泊先のヒルトン広島で記者会見したバイデン米大統領。その視線の先を追うと、プロンプターに映し出された原稿の2つの単語に下線が引かれ、言い間違えないよう注意を促してい

広島G7サミットでバイデン大統領の記者会見を見守るサリバン大統領補佐官（後列左、2023年5月）＝ロイター／アフロ

ました。

会場の隅では国家安全保障担当のサリバン大統領補佐官が満足げに見守っていました。およそひと月前、G7首脳宣言を先取りする形で米国の中国戦略を講演で表明したサリバン氏は「我々は『新しいコンセンサス（総意）』の構築を求められている」と話しました。

20世紀の旧ソ連との冷戦に勝ち、1強となった米国を象徴した自由市場主義の潮流「ワシントン・コンセンサス」は格差拡大や金融危機の壁にぶつかりました。逆に中国はグローバル化の恩恵を受け、個人の人権や自由を後回しにする国家資本主義で台頭しました。

力学は変化し、物価水準の差を考慮した購買力平価でみると「日米」と「中ロ」の国内総生産（GDP）の世界シェアは20％前後で並

広島G7サミット後に記者会見するバイデン大統領(2023年5月)=著者撮影

びます。米国は日本に加えて欧州、韓国、オーストラリアなど同盟・同志国を広く束ねなければ中ロを圧倒する未来図を描けません。中国との競争に勝つため、米国は仲間の力を結集する「総意」を必要としています。

サリバン氏の問題意識を要約すると、次のようになります。

▼より公平で耐久性のある国際経済秩序の構築が不可欠

▼米国は①産業空洞化②過去の国際経済統合によって中国の軍事的野心の拡大やロシアによる近隣侵略を阻止できなかった現実③激しい気候変動④中間層の地盤沈下と民主主義への打撃――の4つの課題に直面

▼米国の産業政策は安全保障の観点から慎

購買力平価でみた「日米」と「中ロ」のGDP世界シェア

米国が中国との経済競争に勝つには同志国との結束が不可欠
購買力平価による国内総生産（GDP）の世界シェア、国際通貨基金（IMF）
※韓国、オーストラリア、カナダ、ニュージーランド

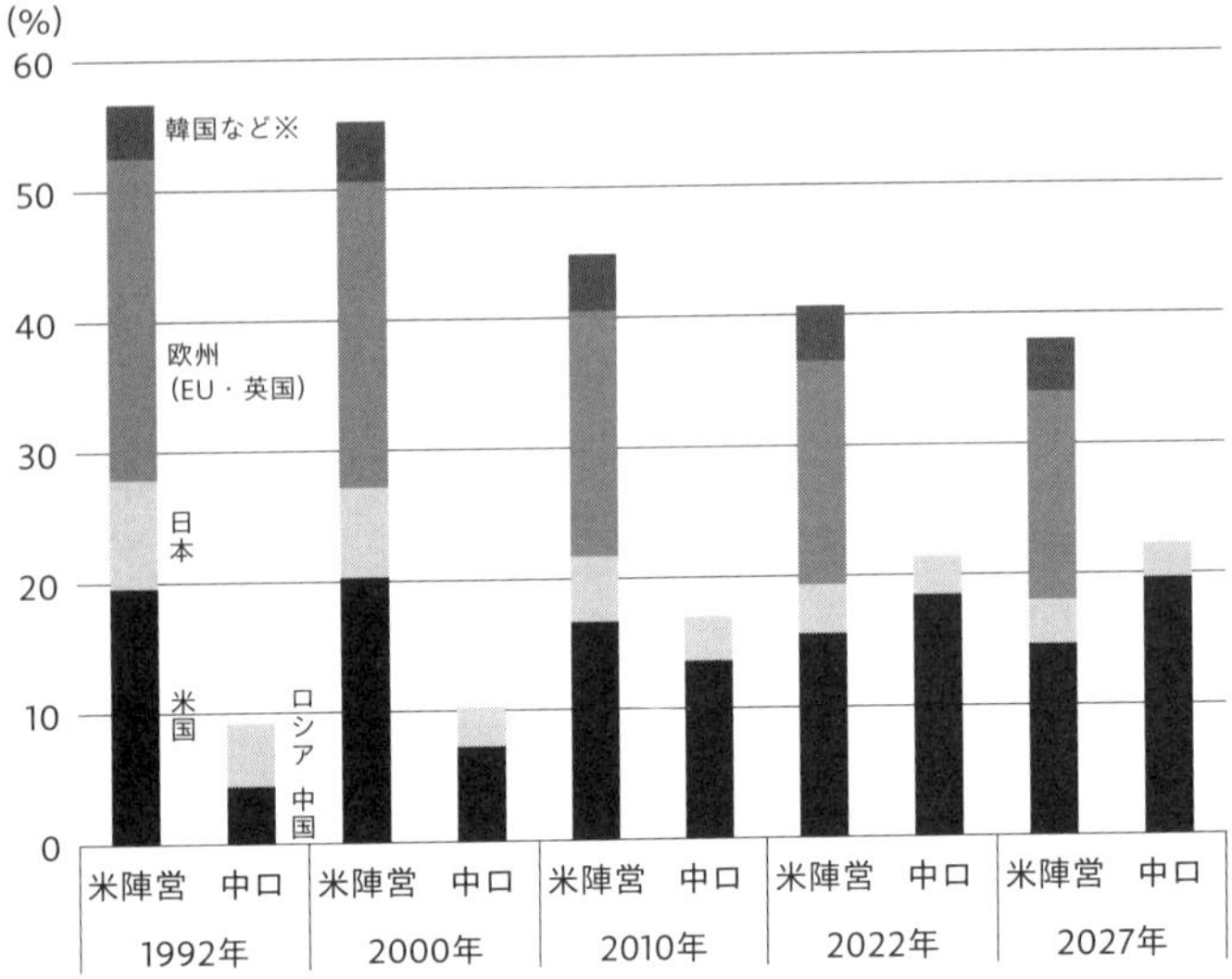

重に制限して基礎技術を守る「小さな庭に高い塀」に

▼中国に対する「技術封鎖」ではなく、リスク回避と多様化が狙い――。

そのうえで同盟・同志国と築く新たな経済秩序は、これまでの国際機関を中心とする柱のはっきりした「パルテノン神殿」式ではなく、連携する分野や相手を重層的に整え、曲面や様々な素材を組み合わせた近代建築の「フランク・ゲーリー」風になると話しました。

バイデン政権はこうした知的

な修辞にたけています。しかし、いくら対象となる「庭」を狭くしても、米中間の攻防の巻き添えを食う企業はたまりません。

「今、中国は半導体輸出の25～30％を占めている。もし市場が20～30％減れば、工場の建設も減らさなければならない」。インテルのパット・ゲルシンガー最高経営責任者（CEO）はこう語り、今後の投資に支障を来すと政権に苦言を呈しています。

さらに2023年8月、米政府は半導体や人工知能（AI）、量子技術といった先端分野で幅広く中国への投資を制限する措置を発表しました。米企業・個人に半導体など3分野の投資案件で政府に届け出を義務付ける内容です。

「デカップリング」は幻想か？

不動産不況と過剰債務を発火点とする中国経済の停滞が鮮明になった2023年夏以降も、米国は中国との競争に勝つために打つ手を止めませんでした。

10月、1年前に導入した半導体輸出規制の全面的な見直しを実施し、先端半導体の中国への迂回輸出を阻むため、40を超える国に規制の網をかけるといった措置を講じました。

その2カ月前、華為技術《ファーウェイ》が発売したスマートフォンに規制対象の高機能半導体が実装され、

米中貿易額が米国のGDPに占めるシェアは縮小している

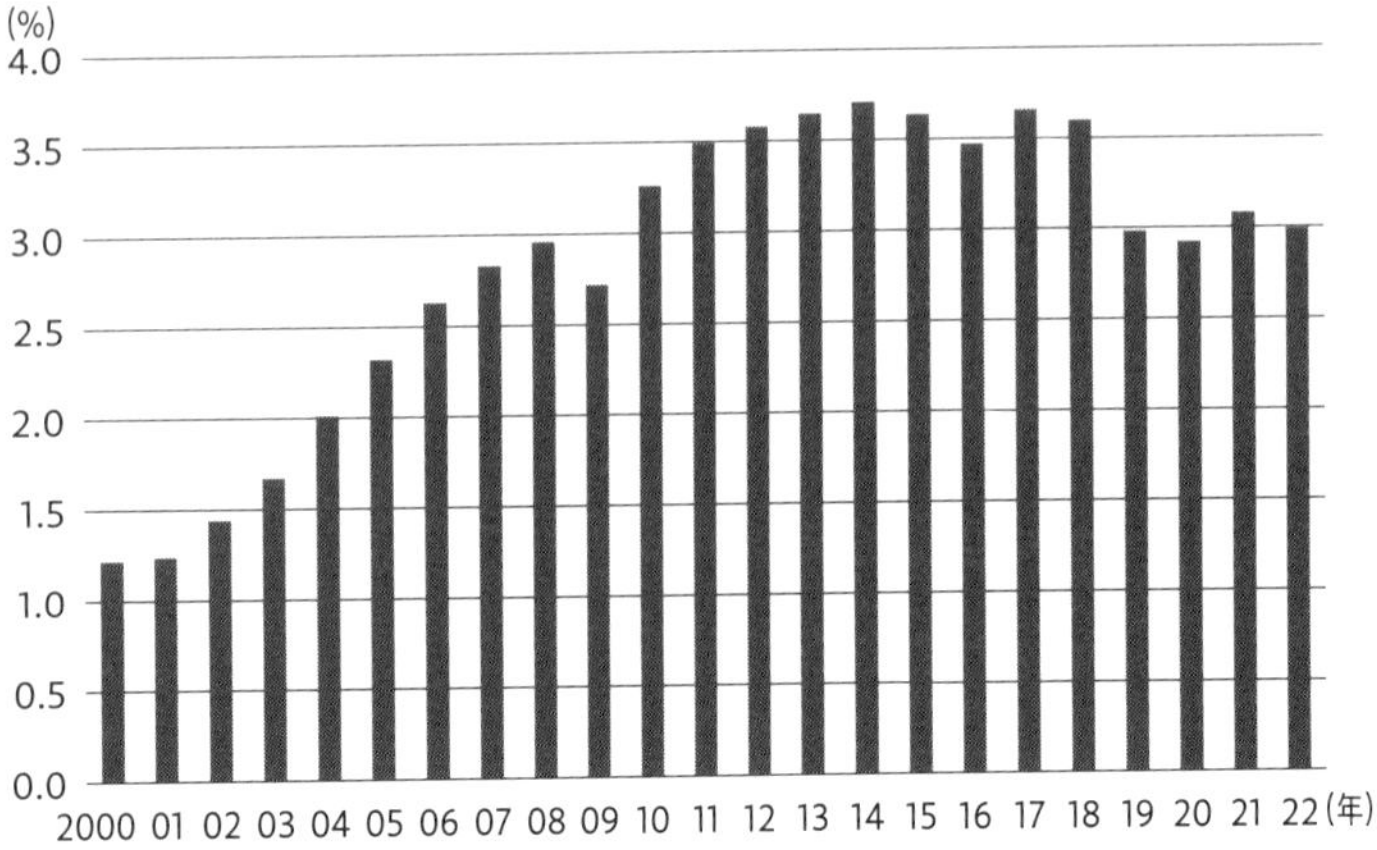

米国が対中戦略の柱としている規制は「ざる」なのではないかとの疑念が広がったことに対応した動きでした。

この頃、中国発の経済危機が米国に波及する懸念を問われたサリバン補佐官は原則論で答えています。「中国がルールを守り、責任ある行為者として活動する限り、中国経済の安定は世界にとってよいことだ」

米中対立が激化するなか、２０２２年通年の米中間の財とサービスの貿易額は過去最高の７６０９億ドルを記録しました。では「デカップリング」は幻想なのでしょうか。

高インフレで名目の貿易額がかさ上げされた点を忘れてはいけません。米国の国内総生産（ＧＤＰ）に対する米中貿易額のシェアをみると、２０２２年は３％とピーク時の２０１４年の3・7%からみて重みが2割近く減りました。2023年1~6月には米国のモノの輸入に占める国別のシェアでメキシコが中国を抜き、首位に立ちました。中国の首位陥落は15年ぶりです。

「新冷戦は必要ない」

バイデン大統領は2022年11月、インドネシアのバリ島で習近平国家主席と約3時間会談した後、記者会見でこう語りました。中国との競争が誤解と誤算を生み、不測の事態につながらないよう責任をもって管理するとの考えは理解できます。

もっとも、このときの米中首脳会談の現場でさえ、人権問題に言及するのかとバイデン氏に質問をぶつけた代表取材の一員を中国側随行員が強引に引き離し、米政府職員が仲裁に入る場面がありました。米国の言い値が中国にそのまま通るはずがありません。

2023年初めの中国偵察気球事件をきっかけにブリンケン国務長官が当初2月に予定していた訪中が6月まで延びました。ブリンケン氏の訪中がようやく実現しても、軍同士の意思疎通の再開は中国に蹴られました。危機回避の仕組みを保証すれば、米国が「安心」してさらに経済戦争をしかけてくると中国側が考えるのは当然でしょう。

ブリンケン氏に続いてイエレン財務長官、レモンド商務長官も夏までに訪中し、商務相会談では貿易・投資問題を協議するための定期的な作業部会を2024年から始めることで合意しました。

バイデン政権が習近平指導部との「接点」づくりを急いだことで、「一枚岩」であるはずの対中強硬路線にも党派によるアプローチのズレが表面化しています。

対中政策が抱えるリスク

『『ゾンビ関与』だ』。2023年6月、米下院中国特別委員会のマイク・ギャラガー委員長（共和）と話すと、バイデン政権を痛烈に批判しました。ブリンケン氏の訪中直前でした。

ギャラガー氏はこう主張します。「バイデン政権は国務長官の訪中を実現するため、中国共産党を刺激することを恐れて華為技術《ファーウェイ》への半導体などの全面禁輸、偵察気球事件の詳細公表を棚上げした」。中国による挑発行為を助長していると断じました。

1970年代以降、米国は中国の民主化を期待し、経済関係を重視する「関与政策」をとってきました。2001年の中国の世界貿易機関（WTO）加盟を米国が容認したのも同じ文脈です。ところが逆に中国は権威主義を強め、米国にとって地政学上の脅威となりました。

ギャラガー氏はバイデン政権が対話再開を急ぐなか、中国は米企業への威圧を強めたと

米連邦議会下院中国特別委員会のマイク・ギャラガー委員長（共和党）＝筆者撮影

して、「ゾンビ」のように復活した「関与」政策は「うまくいかない」と非難しています。

対中外交は米議会が「ワン・ボイス」で取り組むことができる唯一の分野です。野党・共和党が多数を握る下院に設けられた中国特別委も超党派の連携を売りにしています。

確かに中国を脅威とみなす認識では民主、共和両党は足並みをそろえています。ただし、その脅威にどう対応するか。具体的な政策の進め方となると、必ずしも一致点があるわけではないことがわかります。これが米国の抱える弱みの一つでしょう。

中国経済そのものもリスクとなっています。「中国は多くの場合、時限爆弾だ。高失業率を記録し、いくつかの問題を抱えている。良いことではない。なぜなら悪い人々が問題を抱えると、悪いことをするからだ」。2023年8月10日、バイデン大統領はユタ州での政治集会で中国経済を「時限爆弾」と評しました。

中国経済の停滞が即座に世界の実態経済に影響をもたらすと懸念する米当局者は少数派でしょう。中国経済は過去15年ほどじわじわ成長が鈍化しているとはいえ、いまも国際収支は経常黒字です。世界経済に対して中国が大きな純需要源となる構造ではないのです。

中国の不動産投資が冷え込めば銅などの資源輸出国に悪影響がおよびますが、世界で物価高が続くなか、商品価格の下落は消費にとって恩恵となります。ノーベル賞経済学者のポール・クルーグマン氏は2023年8月の米紙への寄稿で「もし中国が2008年型の危機に陥ったとしても、米国は金融や貿易で中国の問題にさらされることは驚くほど少ない」と記しました。

もっとも、競争相手の中国の「危機」を喜ぶ無邪気さは米当局者にはありません。経済を発火点とする異質の危機を感じているからです。バイデン大統領の「時限爆弾」発言も、独裁色を強める権威主義体制は経済悪化に対する国内の不満のはけ口を国外に求め、無謀な冒険主義に傾きがちだとの文脈で語られています。

米国の敵は「米国自身」

最後に米国に内在するもう一つの弱点を挙げます。「サリバノミクス」(米ピーターソン国際経済研究所のアダム・ポーゼン所長)、「国防総省式経済学」(ロバート・ゼーリック元米通商代表部＝USTR＝代表)との批判があるように、米国第一の保護主義的な側面です。

バイデン政権は2022年10月、スーパーコンピューターや人工知能(AI)に使う先端半導体などの対中輸出規制を一気に強化しました。当時、米ジャーマン・マーシャル財団のボニー・グレイザー氏は「米中新冷戦の最新の兆候」と話しました。米国の強い働きかけを受けて、製造装置に強みを持つ日本やオランダも輸出管理で共同歩調をとりました。

同時に、2022年夏に米議会で成立した気候変動関連が柱の「インフレ抑制法」と半導体関連の「CHIPS法」の2つの法律によって、総額4200億ドルの補助金を確保しました。

囲い込みの色彩が濃く、電気自動車(EV)の税額控除による購入補助は北米での完成車生産が条件です。半導体助成では10年間、中国への関連投資の拡大を禁じています。

サマーズ元財務長官は2つの法律の趣旨には賛同しつつ「製造業中心の経済ドクトリンに深い懸念を抱いている」と語ります。米経済の主な課題はコスト上昇であって雇用不足ではないと指摘。バイデン政権が雇用増を成果と訴えることに「本当に国家安全保障の目的に焦点を当てているのか。ナショナリスト的な要素に重点がある」と疑問を投げかけます。

「米国第一」の保護主義への傾斜は米国が連携を必要とする友好国や有力企業を反対側へ追いやる遠心力となります。大統領選では米国の内政事情が最優先され、この遠心力が弱まることは期待できません。中国と競う米国にとっての最大の敵は米国自身――。そういう側面があるからこそ、「新冷戦」は難しい戦いとなるのです。

From China

新冷戦のカギ握る半導体
中国の「ゲームチェンジ」はあるか

世界のサプライチェーンをどう握るか——。これこそが米中が繰り広げる「新冷戦」の最前線となっています。そのサプライチェーンの主導権を握るのが最先端技術や高度な基礎技術であり、その中核にあるのが半導体です。

締め出される中国

バイデン米政権は「デカップリング（分離）ではなく、デリスキング（リスク回避）」と強調し始めました。それは現実に即した表現の修正であることは事実です。当初、米中対立は米中の経済を分断する「デカップリング」をもたらすと言われていました。しかし、広範囲に深くつながった米中の貿易関係や金融関係を切り離すことは不可能です。

一方で「デリスキング」と言われたところで中国にとっての危機感は変わりません。米国は「安全保障の観点から基礎技術を守る『小さい庭に高い壁』」「中国への技術封鎖ではなくリスク回避と多様化」と語っていますが、結果として「産業のコメ」といわれる半導体の最先端分野で「高い壁」を築かれてしまえば、中国の様々な分野の技術の進化は大打撃を受けます。中国にとってみれば「対中封じ込め」以外の何物でもありません。

特に、2022年10月7日、米国商務省産業安全保障局（BIS）が発表した半導体関連製品（物品・技術・ソフトウェア）の新たな対中輸出管理規制は中国にとっては衝撃的でした。最新鋭兵器の自動制御やスーパーコンピューター、人工知能（AI）に使われる最先端半導体の中国向け輸出にライセンスの取得を義務付け、すべての製造装置やその部品の輸出にもライセンスが必要となったうえ、一定以上の微細度があるロジック半導体やDRAM、NANDフラッシュメモリーの製造装置には原則としてライセンスは出さないことになりました。

外国企業が米国発の技術を使った製品を対中輸出する際にもライセンスの取得を要求したほか、個人による半導体製造や設計の支援についても原則ライセンスを義務付けました。

日本やオランダなど半導体製造装置でシェアを握る国にも対中輸出の制限を要請し、最先端半導体のサプライチェーンからほぼ完全に中国を締め出したといえます。

「時間」は強みか弱みか

習近平政権は米国に白旗をあげることは拒み、正面から戦いを挑んでいく構えです。米国が上記の半導体対中輸出規制を発表した直後の第20回中国共産党大会における習氏の活動報告で、習氏は中国の課題として科学技術のイノベーション不足やサプライチェーンの脆弱性だと強調したうえで、「科学技術の自立自強」という表現を5回も使い、基礎研究や独自のイノベーション、戦略的分野における進歩の必要性を訴えました。

この自立自強で習氏が柱とするのが「挙国一致体制」です。国有企業から民営企業、大学、軍すべてが一体となり、科学技術のイノベーションを推し進めていく体制です。技術開発にかける資金、人材の量において他国を圧倒するのは間違いありません。

それでは、この習氏の自立自強戦略や挙国一致体制の勝算はいかほどなのでしょうか。ここでも習氏にとってカギとなるのが「時間」です。時間は強みでもあり、弱みでもあります。

第20回中国共産党大会で活動報告を読み上げる習近平党総書記（2022年10月、北京の人民大会堂）=ロイター／アフロ

まず習氏にとって弱みとなる「時間」です。

習政権は2015年に発表した国家戦略「中国製造2025」で半導体の自給率引き上げを重要な政策目標として掲げました。豊富な資金と国家戦略を背景に、国内には半導体事業への投資ブームが起き、中国の技術系コンサルタント「中商産業研究院」の分析によると、2021年に企業データサービス「企査査」に登録された半導体関連の企業は約12万社となり、同データベースへの新規登録数は前年比ほぼ倍増の4万7392社に達したといいます。

しかし、半導体自給率はなかなかあがりませんでした。「中国製造2025重点領域技術ロードマップ」によれば、ICの自給率は2015年時点ですでに41%であるとの前提

中国の半導体生産高と自給率

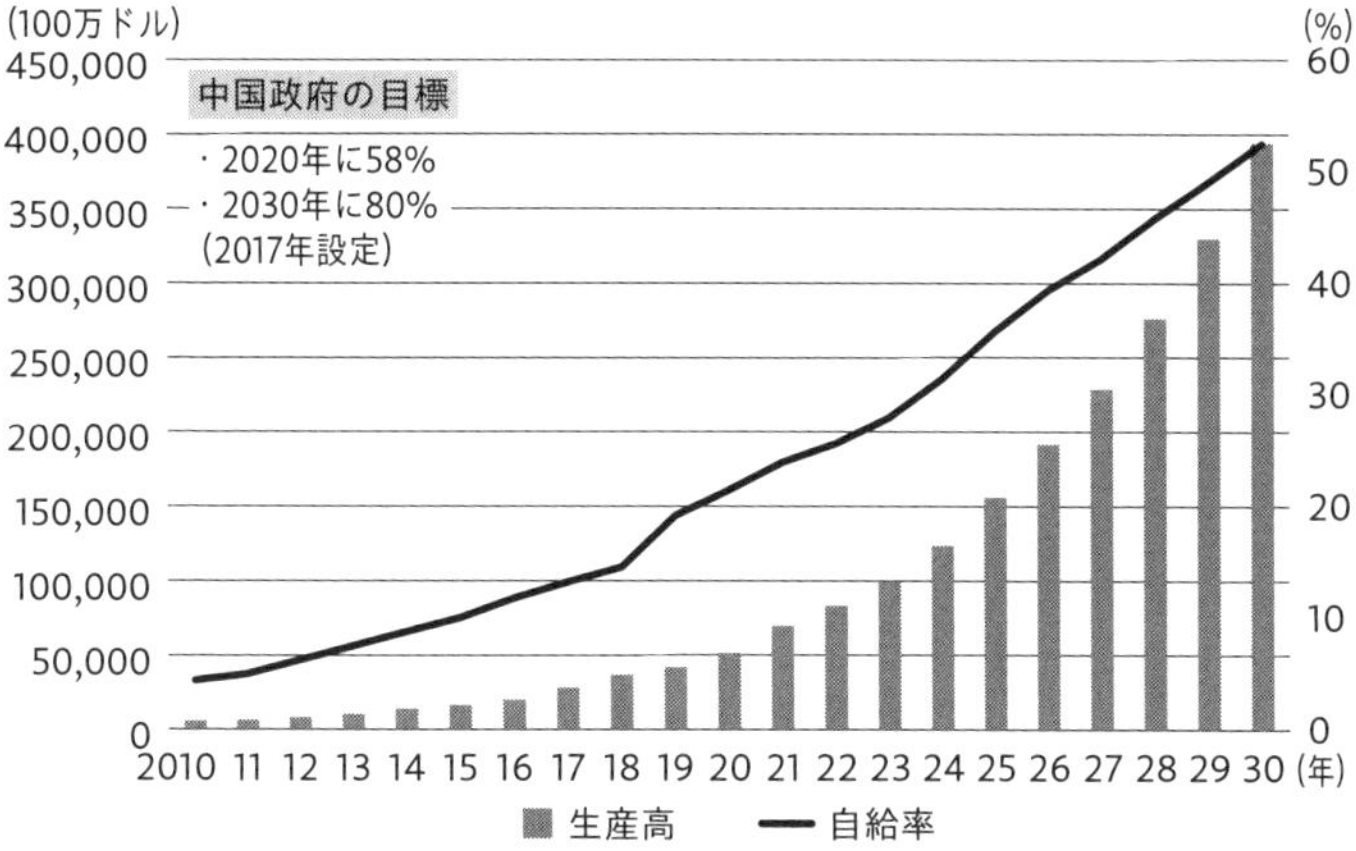

＊International Business Strategies,Inc.（IBS）調べ（2022年6月）
＊2022年以降は予測データ。IBSと中国政府の自給率の定義は必ずしも一致しない。

のうえで、2020年に49%、2030年に75%に引き上げるとし、2017年の改訂版では2016年時点の自給率を33%と下方修正したものの、目標については2020年に58%、2030年に80%と上方修正しました。しかし、米国の調査会社などのデータによれば、2023年時点の自給率は20%台にすぎません。

半導体自給率がなかなか向上しなかった背景の1つとして、半導体製造技術の高い壁があります。最先端半導体をつくるためには、高度な製造技術を持つ人材が不可欠です。

中国でも回路線幅が数十ナノ（ナノは10億分の1）メートルレベルの半導体なら、製造装置を輸入すれば生産は可能であり、中国最大の半導体受託生産企業（ファウンドリー）である中芯国際集成電路製造（ＳＭＩＣ）などでは回路線幅14ナノメートルレベルの半導体なら量産が可能な水準まで達していましたが、回路線幅が原子レベルに近づく最先端半導体では非常に繊細な製造技術やプロセスの開発が求められます。そうしたノウハウを得るには長年の経験が必要で、歴史の浅い中国の半導体業界が急遽育成するのはほぼ不可能でした。

そのため、中国の半導体産業は世界水準でみても急速に成長したものの、高度化が進んだのは設計分野やパッケージングなどの後工程が中心で、微細加工を施す最先端半導体の製造技術はなかなか進展しなかったのです。

中国がそれだけの人材を育てるには長い時間と経験を重ねなければなりませんが、その時には台湾や米国の半導体産業はさらに先に進んでいます。時間の積み重ねが必要な業界だけに、アキレスと亀の追いかけっこのパラドックスのように、中国はいつまでたっても最先端に追いつくことはできない可能性が高いです。

中国が足元で採り得る手段としては当面、米国との関係改善や取引を通じ、対中輸出規制の緩和をめざしたり、米国以外の半導体技術を持つ国が米国に同調しないよう働きかけ、輸入ルートを確保する努力を重ねたりしながら、中国国内で完結する半導体サプライチェーンの確立を加速するしかないでしょう。

とはいっても、最先端に追いつくことは困難です。生き残りに向けた「現実路線」として、中国は当面は「最先端ではない半導体」の生産力拡大と応用技術の開発に注力する方針をとるしかありません。最先端の兵器や自動運転技術、小型・軽量化が求められるスマートフォン用などを除くと、回路線幅2ナノメートル以下といった最先端半導体が必須な製品はそれほど多くはありません。同時に、高機能な製品向けには中国が得意な応用力でカバーする手もあります。半導体の設計を工夫するとともに、半導体を搭載する製品側でも演算能力の限界に対応した工夫を施し、技術力不足をカバーする努力をすることはある程度可能です。また、中国には中国国内だけで大きな需要があります。数をこなしながらそれなりにこなれた技術や応用力を獲得していく余地もあるといえます。

ここでもう1点、「時間」とは異なる観点から中国テックの生存能力を考えてみたいと思います。

日本や海外にはこんな見方が存在します。「統制を強める中国では、もはやイノベーションは生まれないだろう」。

確かに、習近平政権下においては社会の言論統制が強まり、人々の相互監視体制が強化され、国有企業や大学では習思想の勉強会が盛んに開かれる一方、著名なＩＴ企業の創業者たちは表舞台から次々と姿を消しています。そのような体制下では、アントレプレナーたちが独創的な技術開発を生み出す環境は生まれにくいという見方には一理あります。その根底にあるのは「イノベーションはリベラルな環境下でこそ生み出される」という米国西海岸などで根強い思想だと思われます。

しかし、中国という特殊な環境下においては、「挙国一致」「軍民融合」による「国家的イノベーション」の実現可能性を決して侮るべきではないと考えます。

それを実感したのが、2023年8月、「ファーウェイが回路線幅7ナノメートルの国産半導体を搭載したスマートフォンを発売した」とのニュースでした。米国の対中輸出規制に従えば、7ナノは中国が製造することは不可能な先端品です。ただ、このニュースで驚いたのは「ファーウェイが先端半導体を自前でつくったから」という本筋の点ではありませんでした。瞠目したのは、それを可能にしたのであろう背景です。

専門家らの分析によると、ファーウェイが使った技術は「ダブルパターニング」もしくは「マルチパターニング」と呼ばれる既存技術でした。これはウェハーに回路を加工する際、露光を2回以上繰り返すことで、製造装置が備える本来の回路線幅よりも微細な加工を可能とするものです。この技術を使えば、米国の対中輸出規制の対象外である旧式の製造装置でも7ナノメートルの回路線幅を加工することが可能となります。

ただ、露光を繰り返す同技術は、工程が多いだけにミスも出やすく、歩留まりが悪くなりやすいという難点を抱えています。それでもファーウェイはかなりのスピードで商業化に打って出ました。ここで改めて感じたのが、中国にとっては半導体産業の競争力の生命線である「歩留まり率」は優先度が低い条件なのだろう、という事実です。

歩留まり率はコストに直結します。資本主義社会の企業であれば、コスト度外視での生産は基本的には認められない話です。しかし、「国産先端半導体を一日も早く実現する」という国家目標の前には、歩留まり率もコストも後回しであることは想像に難くありません。歩留まり率がかなり低くかろうと、コストがいくらかかろうと、技術的に可能であるならばどんどん生産することが国家利益として求められるでしょう。

そして、西側にとっての問題は、中国が無理やりにでもミスの多い製品を大量に生産しているうちに、前述したように生産技術がだんだんこなれてきたり、経験値の中から新たな創意工夫が生まれたりする可能性があることです。つまり資本主義社会の企業には難しい「力業での技術獲得」という有力な選択肢が存在するといえます。そして、中国国内には、多少粗削りだろうがなんだろうが国産品を積極的に受け止める巨大な市場もあります。

「種の起源」を記したダーウィンは「生き残るのは最も強い者ではなく、変化に最もうまく対応できる者だ」と指摘しました。

中国の半導体技術は米国や台湾に大きく劣後しています。理屈の上では追いつくのはほぼ不可能といえるでしょう。しかし、その「適応力」を軽視し、見誤れば、あっという間に新冷戦の勝敗が入れ替わる恐れもないとはいえません。

中国が狙うポスト「ムーアの法則」

ここで「時間」の話に戻ります。中国にとって味方となる「時間」もあります。上記のように汎用技術でなんとかしのぎながら時間を稼ぐうちに、半導体の世界のなかで「ディスラプション（創造的破壊）」ともいえる技術革新が起きる可能性はゼロではありません。

もちろん可能性は決して高くはない「ナローパス」ではありますが、もし中国がそのゲームチェンジを仕掛けるプレーヤーになれれば、中国は半導体業界の先頭に立つことができます。中国にとっては起死回生のシナリオです。中国が半導体そのものだけでなく、製造技術についても核心技術をすべて握り、米国や韓国、台湾が時間をかけて積み上げてきた競争優位をすべてリセットするという戦略です。

中国が狙うチャンスの一つに「ムーアの法則」の終焉があります。米インテル共同創業者のゴードン・ムーア氏は「半導体チップのトランジスタの集積度は2年で倍増する」との法則を唱えました。予言通り微細化は急ピッチで進み、中国が世界に追いつけない原因となっていますが、すでに線幅は原子レベルに近づき、性能向上や電力消費量の削減は限界に達しつつあるといわれます。

その一方で、今後は次世代通信規格「6G」のサービス開始やAI、あらゆるモノがネットにつながる「IoT」の発達で世界のデータ量は爆発的に増えることは確実で、電力消費が急増するのは避けられません。この電力消費量をどう減らすかは今後、地球レベルの課題ですが、既存のICでは微細化を軸とした能力向上は限界に達し、十分な省エネが果たせない恐れがあります。

そこで期待されているのが「技術の非連続」となるイノベーションであり、中国は同分野での研究も官民あげて邁進しています。その一つとして光電融合技術があります。電子によるデータ処理と光による伝送を融合するもので、現在の100倍以上の伝送容量、100分の1の消費電力が可能となると見込まれています。

こうしたゲームチェンジが実現するのかどうか。そして、実現するとしてもその日まで中国の経済力が持続するのか、既存半導体の応用で世界から劣後しないように科学技術全体のレベルを保っていけるのか――。まさに時間との戦いです。

2024年からの数年間における攻防が、その後の米国と中国の力関係を決定します。それがそのまま未来の世界地図となるのは間違いありません。

論点 04

混沌の世界秩序の未来

AFTER 2024 USA vs. CHINA

From USA

新たな戦後秩序を求めて米中対立は加速

冷戦終結直後の1990年、世界の7割近くを占めていた主要7カ国（G7）の国内総生産（GDP）のシェアは30年あまりを経て4割そこそこにまで低下しました。その中心にいる米国は今もなお世界最強の軍隊と基軸通貨ドルを握っています。とはいえ、単独で他を圧倒する存在ではすでになくなっていることも事実です。

安全保障のタガ、重層的に締め直す

「日本、韓国、米国の新たなパートナーシップの時代だ。3カ国の防衛協力は前例のない

キャンプデービッドで開かれた日米韓首脳会談。左から尹錫悦大統領、バイデン大統領、岸田首相（2023年8月）＝ロイター／アフロ

水準に達している」。バイデン大統領は2023年8月18日、岸田文雄首相、尹錫悦《ユン・ソンニョル》大統領との会談後の共同記者会見でこう強調しました。

ワシントン近郊の大統領の山荘「キャンプデービッド」に2人を招き、国際会議の「ついで」ではなく、初めて独立した形で日米韓首脳会談を開きました。首脳会談の毎年開催、自衛隊と米韓両軍の共同演習の定例化など日韓関係が後戻りするのを防ぐ歯止めを共同声明に盛り、誰が韓国大統領になっても捨てることが惜しくなる「協力関係の制度化」（米戦略国際問題研究所のクリストファー・ジョンストン氏）をキーワードとしました。

ブリンケン米国務長官が「3カ国協力の核心は安全保障」と言い切るように「中国が軍

備増強と威圧的行動に傾くほど日米韓が安全保障協力を深める動機が生じる」(米ブルッキングス研究所のミレヤ・ソリス氏)という構図が深まっています。

G7、北大西洋条約機構(NATO)、日本、韓国、オーストラリア、フィリピン——。米国は一方的な現状変更を許さず、常に中国よりも先回りして同盟・友好国との関係を重層的に強化し、秩序のタガを締め直そうとしています。

2022年、米国内の安保関係者の間で40年前に起きた「抑止失敗」の事例が議論されたことがあります。英領フォークランド諸島にアルゼンチンが侵攻したフォークランド紛争です。衰退する英国が防衛を諦めるとの「誤解」が紛争につながったとの教訓が注目を集めました。

紛争を防ぐには平時に軍備を整えるだけでなく、政治指導者が平和と安定を守る確固たる意志を示すことが欠かせません。日米韓の連携の「制度化」は、中国を含む国際社会に決意を力強く表明することを狙ったものでした。

多極化する世界

米国や欧州の政策当局者が「衝撃を受けた」と警戒感をもって例に引く場面があります。

「100年に一度もない大きな情勢の変化だ。共同で推し進めよう」

2023年3月21日、ロシアを公式訪問していた中国の習近平国家主席はクレムリン宮殿を去る際、見送るプーチン大統領にこう語りかけました。

テレビカメラにちらりと目をやり、全世界に流れることを意識したうえでの発言です。プーチン氏は「その通りだ」と応じ、互いに親愛の情を見せて別れました。

「世紀の大変化」という習氏の認識は「東側が上昇し、西側が下降する」という世界観に根差しています。欧米中心の国際秩序が衰える一方、中ロが強い影響力を保持する「多極化する世界」へと秩序を塗り替えることができるとみているわけです。

バイデン米大統領もいまの世界は「変曲点にある」という表現を好みます。時代の潮流が変わる節目にあるとの認識は習氏と同じですが、もちろんバイデン氏は米国が衰退しているとは思っていません。「民主主義こそが世界の安全と繁栄を実現できる」が信念です。

2023年は国際秩序の支配をめぐる米中の争いが目に見えて激しくなった年でした。「ロシアや中国のために中東に空白を残すつもりはない」。バイデン氏がサウジアラビアを訪問してこう宣言したのが2022年7月です。ところが習氏のロシア訪問前、中国は米国の勢力圏である中東でサウジとイランの7年ぶりの外交正常化を仲介してみせました。

いまでも米海軍第5艦隊は中東の海を支配し、サウジの米軍駐留は約2700人にのぼります。「力の空白」が生まれたわけではないでしょう。しかし、米国のエネルギー自給率の上昇で中東の戦略的価値が薄れ、サウジとの関係もこじれました。

「外交の空白」が生じているのではないのか――。ブリンケン米国務長官の助言役、デレク・ショレ顧問に質問をぶつけると「そうではない。我々は中東の緊張を和らげるすべての動きを歓迎する」という反論が返ってきました。

米国の世界観は明確です。旧ソ連との冷戦を勝利に導いた第2次大戦後の秩序を強化するため、米国を中心とする同盟と制度を21世紀型に刷新する必要があると考えています。中国が描く「多極化する世界」とは相いれません。

沸騰する中東、バイデン氏の誤算

バイデン大統領は2023年10月18日、11日前にイスラム組織ハマスの奇襲を受け、「戦時体制」を強化するイスラエルを訪れました。テルアビブの空港に降り立つと、出迎えたネタニヤフ首相を真っ先に抱擁しました。

イスラエル支持を目に見える形で示し、続いて訪れるヨルダンでパレスチナに寄り添う心情を表す――。その2日前にバイデン氏はこんな中東訪問の筋書きを描きましたが、も

米バイデン大統領(右)がイスラエルを訪問、ネタニヤフ首相が出迎える(2023年10月)
=AFP/アフロ

くろみはたった1日で崩れました。

原因はパレスチナ自治区ガザの病院で大規模な爆発が起き、約500人が死亡する惨事が10月17日に伝わったためです。ヨルダン訪問の「延期」をホワイトハウスが記者団に伝えたのは、バイデン氏がアンドルーズ空軍基地を飛び立つ直前の17日夕。パレスチナ保健当局はイスラエルの空爆だと指弾し、イスラエル軍は関与を否定しました。

バイデン氏も米独自の情報分析に基づいてイスラエルの所業ではなく「相手方によるもの」との見方を示しましたが、真相不明のまま世界に非難が広がります。中東情勢が一気に沸騰し、バイデン氏の打算を誤算に変えました。

バイデン政権は「イスラエルが戦時国際法

を順守すると信じている」と繰り返しますが、米国内でもイスラエルの「過剰防衛批判」は根強くあります。２０２３年10月16日、「ユダヤ系左派」を名乗るデモ隊がホワイトハウスの入り口をふさいで「私たちの名前でイスラエルに武器を送り、パレスチナ人を殺すな」と訴えました。イスラム教徒の母子が71歳の男に刺され、6歳の男の子が死亡する事件も起きました。社会の憎悪は「大統領の責任」への批判となって跳ね返る恐れがあります。「今、中東は過去20年で最も静かだ」。米国の安保戦略を仕切るサリバン大統領補佐官がこう断言したのは、イスラム組織ハマスがイスラエルに大規模攻撃を仕掛けるほんの8日前のことです。

バイデン政権はイスラエルとサウジアラビアの関係正常化の仲介を急いでいました。中東に新たな力の均衡をつくり、敵対するイランとの緊張を緩めながら米国の力の低下を補う土台を固め、隙間に入ろうとする中国を阻む堤を築く――。中東における新たな秩序を描き、21世紀の国際秩序の柱の一つに据えようとしていたのです。

２０２４年11月の米大統領選挙を控え、歴史的成果を上げたい思惑も働いていました。米政府関係者はパレスチナ問題について中東情勢を一気に覆す「ワイルドカード（万能札）」と警戒してきましたが、「この種の攻撃を示唆する情報はなかった」（サリバン氏）という不意打ちを食らい、秩序形成の試みは暗礁に乗り上げました。

バイデン氏のイスラエル訪問回数は上院議員になりたての1973年から半世紀で2桁に達します。バイデン氏の「イスラエル支援」の言葉に嘘はないでしょう。問題は、「敵」が米国の意志と能力をどれだけ信じるかです。

米議会では共和党の内紛から3週間あまりにわたって下院議長の空席が続きました。イスラエルやウクライナを支援するための財源確保も政争に翻弄されます。

バイデン政権は2021年8月、アフガニスタンから米軍を撤収させて20年におよぶ対テロ戦争を終わらせ、中国との競争に戦略の軸足を大きく移しました。トランプ前政権と違って米国の役割に焦点を当て、新たな国際秩序を探ろうとしてきました。ところが現実は理想とかけ離れ、内向きで身勝手な米政治の姿が定着しています。

イスラエル支援一辺倒で問題を解決できるほど中東は単純ではありません。ハマスにとらえられた米国人の奪還に加え、イスラエル軍の反撃にさらされるガザ地区の人々の救援。バイデン政権は「人道外交」を後回しにできないのです。

米国は軍事、経済、技術でなお世界最強とはいえ、第2次大戦後のような万能感はありません。新たな秩序の模索といえば聞こえはいいですが、背景にあるのは米国の国力の相対的な低下と、その現実によって迫られる選択と集中にほかなりません。

打つ手を誤れば、その隙に乗じて危機は増殖を続けます。外交・安保の専門家ザック・クーパー氏は「米国は今後もインド太平洋地域を重視し続けざるを得ない。その結果、欧州や中東への関与が薄まり、同盟国の不安が増すことが次の米政権で現実的なリスクとなるだろう」と指摘します。

イスラエルから帰国したバイデン氏は2023年10月19日夜、米国民に向けてテレビ演説に臨みました。イスラエルとウクライナへの支援が「米国の安全保障にとって不可欠だ」と訴え、「第2次大戦と同じように民主主義の兵器庫（Arsenal of Democracy）をつくり、自由の大義に貢献する」と述べました。

「民主主義の兵器庫」はフランクリン・ルーズベルト大統領が1940年にナチスドイツと戦う英国への武器供与を訴えるために使った言葉です。バイデン氏はクリントン政権の国務長官だった故オルブライト氏の言葉を引いて「我々は不可欠な国家だ」と強調し、米国が「世界」の安定に関与し続ける姿勢を印象づけました。

世界は多極化どころか、「極なき世界」に陥りかねない危険がはびこっています。中東はその縮図でしょう。ハマスが敵視するのはイスラエルだけではありません。米国が「静かな中東」を前提に描き直そうとしている国際秩序そのものなのです。

「ルールに基づく秩序」

米国が国際秩序のタガを締め直すにあたって、キーワードとしているのが「法の支配」「ルールに基づく秩序」です。

米中の秩序観の違いが如実に表れたのは、ロシアによるウクライナ侵略への反応です。米国はロシアの暴挙は「ルールに基づく秩序」への挑戦とみなします。一方、中国はロシアを批判せず、現状を容認したまま停戦を呼びかける「ポジションペーパー」を公表し、あたかも〝仲裁役〟を担うかのように振る舞い始めました。

中ロは2023年の首脳会談後の共同声明で「覇権主義、一国主義、保護主義が依然として蔓延している。公認された国際法の原則や規範を『ルールに基づく秩序』に置き換えることは受け入れられない」と、米国を中心とする西側諸国を真っ向から批判しました。

すでに習氏は3月初め、「米国が主導する西側諸国は全面的な封じ込め、包囲、抑圧を実施し、我々の発展にかつてない厳しい試練をもたらした」と公言していました。これまで控えていた米国を名指しで批判することへのためらいをはっきり捨てたわけです。

「米国が『ルールに基づく秩序』の擁護者であることを巡り、中国はかねて戦略的にその矛盾を指摘してきた」と米エール大学の中国専門家モリッツ・ルドルフ氏は指摘します。「国連憲章の起草にアフリカやアジアで関わった国はごくわずかだといった話法を用いてグローバルサウスの支持を集め、米国を批判し、秩序を内部から変えようとしている」

中東情勢の緊迫が続いた2023年10月、南シナ海で緊張が走りました。22日早朝、南シナ海でフィリピンが実効支配するアユンギン礁（同セカンド・トーマス礁）近くで、同国軍が契約した補給作業中のボートの進路を中国海警局の船舶が妨害し、衝突したのです。

国連海洋法条約に基づくオランダ・ハーグの仲裁裁判所は2016年に南シナ海のほぼ全域に領有権がおよぶとする中国の主張を否定しましたが、中国は判決を「紙くず」だと無視しています。

さらに10月24日夜には南シナ海上空を飛行する米空軍B52戦略爆撃機の10フィート（約3メートル）以内に中国軍の戦闘機「殲11（J11）」が異常接近しました。米国防総省によると、中国軍機による米軍機への危険飛行は2021年秋からの2年間で180件以上にのぼります。

米国が中国と対峙するアジアの海は、「ルール無用」の危険地帯へと陥りかねない崖っぷちにあります。ウクライナ、中東に加え、中国との摩擦も加えた「3正面」の対応を米国はすでに迫られているのです。

世界経済に占めるG7のシェア（GDP、IMF）

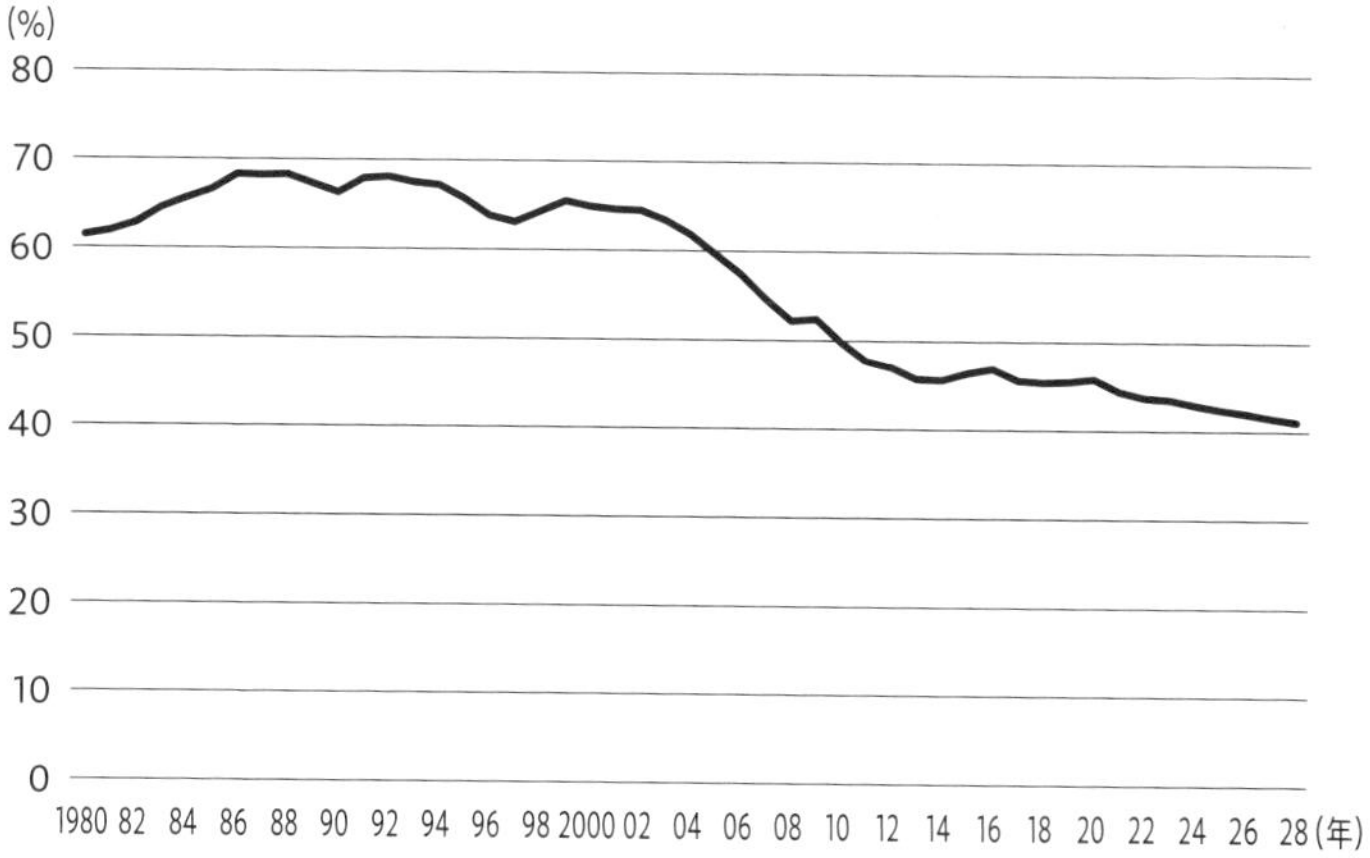

世界中に張り巡らせた同盟網は米国の強みです。いまの中国に他地域に継続して関わる十分な外交力や軍事力が備わっているとも思えません。しかし、米国が同盟・友好国の賛同を得るだけでは秩序を保つため十分な求心力を得ることができなくなっています。

新興・途上国は中国を除いても世界経済の4分の1を占めます。「頭数」なら世界の重心はさらに動きます。21世紀中に1・7倍に増える見込みの世界人口の内訳をみると、アフリカのサハラ砂漠以南が5倍超に増え、全体の3分の1近い多数派となる見通しです。

新興・途上国からの「不人気」を挽回できるか

米国が同盟外の国々も含めた幅広い信頼を勝ち取る必要があるのは明白でしょう。ところが、米国人は「みんな強い米国が好きでしょう?」と無邪気に信じている面があります。「中国からは空港が得られ、米国からは説教をくらう」。サマーズ元米財務長官は新興・途上国の支持に広がりを欠く米外交の問題点をこう表現します。新興・途上国は米国か中国かという「絵踏み」を嫌い、非同盟ではなく「全方位同盟」で実利を探るからです。

バイデン政権が当初好んだ「民主主義国家」対「権威主義国家」という二分法は、様々な内政事情を抱える新興・途上国にとって必ずしも魅力のあるうたい文句ではありません。

一方、中国は他国が台湾問題など中国共産党の体制に関わる領域に触れない限り、その国が人権問題を後回しにしても「内政問題」として気にかけず、経済で結びつきます。たとえば世界最大の原油輸入国である中国はサウジから輸入全体の2割近くを賄い、イランにとっても最大の輸出相手となっています。

「経済問題と安全保障を含む国益を切り離すことはますます難しくなる」(イエレン米財務長官)との認識が広がり、バイデン政権は発足2年目以降、新興・途上国からの「不人気」

主な国・地域の1人当たりGDP

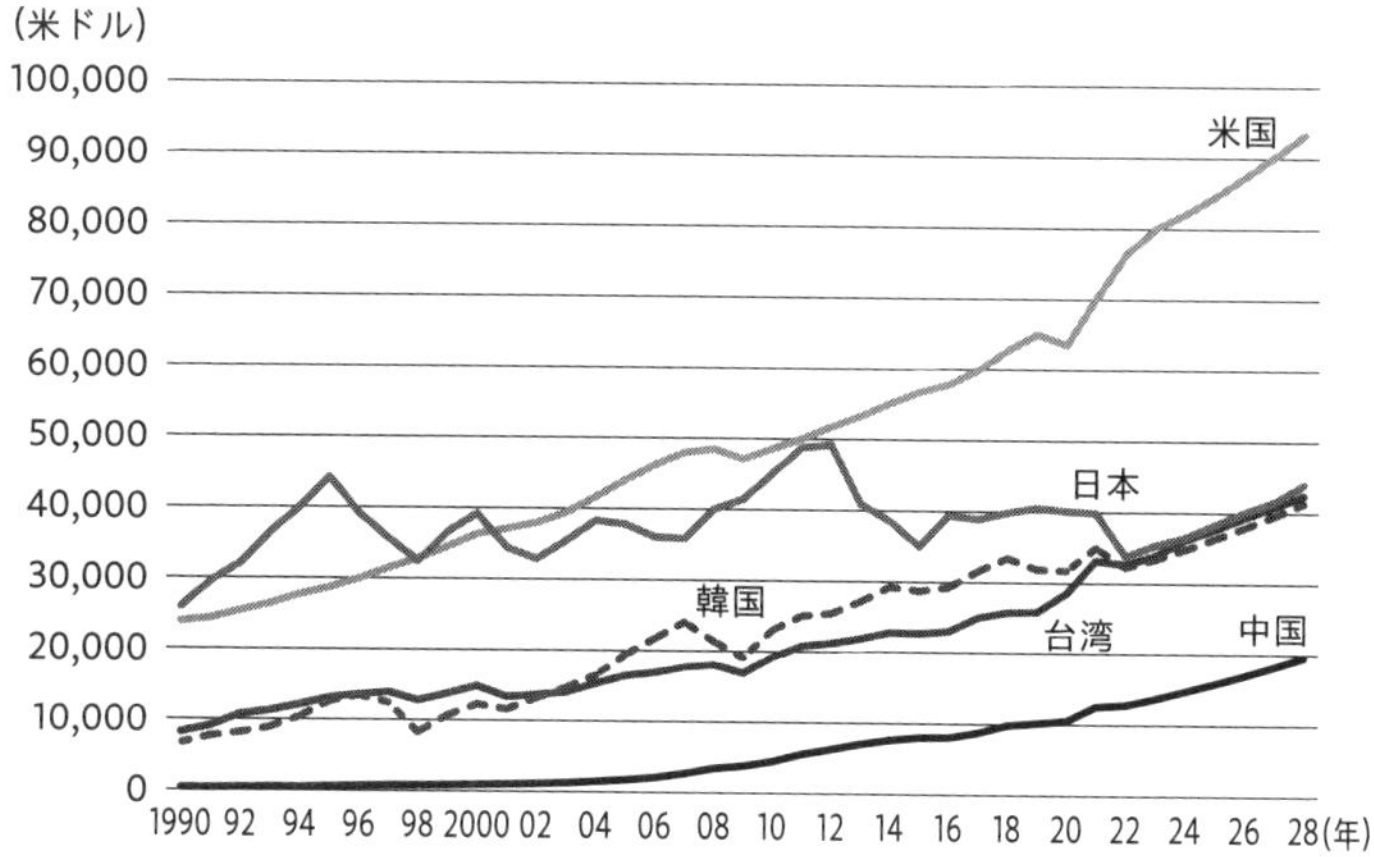

を挽回しようと、理想主義から現実路線への軌道修正を試みています。

２０２１年末に鳴り物入りで始めた民主主義サミットは敵と味方を峻別《しゅんべつ》する外交手法が不評だったため、２０２３年３月の第２回会合はオンライン方式での開催にとどめました。

「モディ！モディ！米国万歳！」。インドのモディ首相がホワイトハウスの南庭に到着すると、集まった約７０００人のインド系住民の歓声が響きました。２０２３年６月22日、バイデン大統領はモディ氏をフランス、韓国の大統領に続く３人目の国賓として迎えました。

中国に対する抑止力を高めたいバイデン政権はインドとの関係を「最も重要な２国間関係」に位置づけています。

破格の厚遇の一方、封印されたのはインドの

バイデン大統領はインドのモディ首相の厚遇を重視（2023年6月、ホワイトハウス）=筆者撮影

人権状況への懸念です。モディ氏率いる与党インド人民党（ＢＪＰ）はヒンズー至上主義を掲げ、「政府に批判的なインドのジャーナリストはモディ信者から全面的な攻撃キャンペーンにさらされている」（国境なき記者団）との懸念が広がっています。

「インドの民主主義の価値観では差別は一切あり得ない」。質問数を極端に制限した首脳会談後の共同記者会見でインドの人権状況を問われると、モディ氏はこう言い切りました。しかし、この質問をした米紙ウォール・ストリート・ジャーナルの女性記者はその後、モディ信者からネット上で家族の出身地や宗教に関する相次ぐ嫌がらせに遭いました。

内向きの米国、失われる求心力

国際秩序の支配を揺るがす震源は、米国の内部に深く巣くっています。米社会の分断と内向き志向への回帰です。

地図を眺めると、米国は「安全」な国だとわかります。巨大で豊かな国土は東西が海に囲まれ、外部の脅威を身にしみて感じることは少ないといえます。人々の関心はもっぱら人種や宗教、文化など国内問題をめぐる対立に傾きがちです。

バイデン政権はトランプ前政権が脱退した環太平洋経済連携協定（ＴＰＰ）に復帰しませんでした。党派対立で分断された議会が国内市場の開放でまとまるメドが立たないためです。バイデン政権の「産業政策」は米国第一の保護主義の様相を濃くしています。米国が内向きに傾くほど、世界をひき付ける魅力は失われます。

歴史上、米国が国家として結束したのは、第１次、第２次大戦のドイツや日本といった明確な「敵」が現れたときでした。旧ソ連との冷戦が終結し、米国は皮肉にも超党派でまとまる軸を失いました。連邦議会上院が米最高裁判事候補を全会一致で承認したのも冷戦末期、１９８８年のアンソニー・ケネディ氏が最後です。

ノルマンディー上陸に続く激戦がまだ続いていた1944年7月、連合国44カ国は米ニューハンプシャー州で第2次大戦後の国際金融秩序を決めるブレトンウッズ会議を開きました。米財務省が戦後構想の検討に着手したのは、さらにその3年前の1941年に遡ります。

米中対立に対する世界の切迫感を一気に高めたのは、2022年2月にロシアによるウクライナへの侵略戦争が現実となったことでした。国際社会がいまから新たな「戦後秩序」を探り始めても、決して早いということはありません。

2023年8月、ウクライナや米国、欧州諸国、中国、インド、トルコ、日本など42カ国がサウジの西部ジッダでウクライナ和平を協議しました。中国の李輝ユーラシア事務特別代表は米国のサリバン大統領補佐官と現地で会談しました。

「戦後秩序の立役者」として振る舞おうとする中国について、エール大のモリッツ・ルドルフ氏は「終戦と戦後の復興、国際秩序改革をめぐる交渉で良い席を確保しておく狙いだろう」とみています。

中東情勢の不安定化という古くて新しい問題も加わりました。では中国が米国と協力し、地域の秩序回復のために本当に汗をかくことがあり得るでしょうか。

私は極めて懐疑的です。いまの中国の関心は「西側」を除いた国際社会での米国の弱体化にあり、「グローバルサウス」と称される新興・途上国に対する米国の影響力をそぐためにあらゆる手を尽くすと決めているように見えます。たとえ美辞麗句を並べたとしても、米国の利益につながる動きに本気で同調するとは思えないのです。

「アフター2024」の世界を100年単位で左右する争いが過熱しています。

From China

「ポスト札束外交」への模索 世界新秩序は「進化」か「退化」か

習氏は様々な場でこう訴えてきました。「100年に1度の変革の時が来ている。世界、時代、歴史の変化がかつてない形で展開する」。習氏が今後、どのような「世界、時代、歴史の変化」を想定しているのかを考える前に、習氏がこれまでの歴史をどうとらえているのかを概観したいと思います。

同心円的世界観が守る「核心的利益」

2021年の中国共産党中央委員会第6回全体会議で採択された歴史決議から、中国共産党の考え方をみてみましょう。党の歴史的意義をこのように語っています。

「中華民族は世界的にみても古くて偉大な民族であり、5000年あまり続く輝かしい文明をつくり、人類文明の進歩のために不滅の貢献をした。1840年のアヘン戦争以降、西洋列強の侵略と封建的支配の腐敗により、中国は次第に半植民地・半封建社会となり、国家は屈辱を受け、人民は苦難を受け、文明は埋没をこうむり、中華民族はかつてない災難に見舞われた」

「党が直面した主要な任務は、帝国主義・封建主義・官僚資本主義に反対し、民族の独立と人民の解放を勝ち取り、中華民族の偉大な復興を実現するために基礎となる社会的条件をつくり出すことである」

「党の100年の奮闘が根本から中国人民の前途・運命を変えた。党は人民を指導して勇壮雄大で偉大な闘争を経て、中国人民が侮られ、抑圧され、奴隷の報いを受けた運命を断ち切り、国家、社会および自分の運命の主人公となった」

これが中国共産党、および習氏の歴史観なのです。そして、新中国建国100年の節目となる2049年に向け、習氏が指し示す中国共産党の100年目標が「中華民族の偉大な復興」であり「中国の夢」です。

中国は新中国建国以来ずっと「途上国の代表」として振る舞ってきました。「途上国から不当に利益を奪う帝国主義や覇権主義に対抗する旗手」というのが、中国が自ら位置づけた自分たちの立ち位置です。そして「米国主導や先進国中心ではない新しい世界秩序」をつくりあげることを習氏は訴えてきました。

ただし、中国は単純に「中国が米国にとってかわる一極的な世界覇権」をとろうとしているわけではないようです。これは歴史的な「中華思想」と関係が深いと思われます。中国にとっての世界観とは中国を「中華思想」と同様に中心に置いた同心円状の世界です。何重にも築かれた万里の長城のような外郭世界によって、もっとも中核にある中国共産党国家とその核心的利益をしっかりと守ることが重要なのです。そうした思想のもと、世界のなかで味方を増やしながら、中国が米国や先進国の定めた「ルール」に押さえつけられることなく自由に振る舞うことができる世界を構築しようとしているといえます。

米国から否定された「太平洋分割論」

習氏は国家主席に就任して間もない2014年の米中首脳会談でオバマ米大統領に「太平洋には米中両国を受け入れるだけの空間がある」と述べ「米中で太平洋を二分するG2体制」を提案したものの、すげなく拒絶されたことがあります。

中国にとっては米国と了解済みですみ分けることができる世界がもっとも安全で安心感の高い世界だったともいえますが、その思いは米国に拒まれました。そして、中国からみれば、米国は中国がもう1つの「大国」として米国に並び立つことを許さず、中国をつぶしにかかろうとしています。その米国の「覇権主義」と対抗し、「大国」としての中国の生存空間を世界の中でいかに確保するかが今の習氏にとっては重要な課題といえます。

習氏は習氏独自の新たな外交思想を打ち出しています。

中国共産党は「習近平外交思想が導く中国の特色ある大国外交」についてこう説明しています。「世界各国の人々の未来は人類運命共同体の構築にある。中国は人類運命共同体の構築を実際の行動によって後押しすることを堅持している。習近平総書記が自ら指導し、後押しする中、人類運命共同体の構築は国ごとから地域へ、2国間から多国間へと広がり、各分野、各方向において具体的な進展を遂げた。習総書記の打ち出した『一帯一路』の共同建設という重大なイニシアティブは、すでに大いに歓迎される国際公共財、国際協力プラットフォームとなった。習総書記の打ち出したグローバル発展イニシアティブとグローバル安全保障イニシアティブは、世界平和の維持と共同発展の促進に新たな原動力をもたらした」

ここで指摘されている「グローバル安全保障イニシアティブ」は習氏の外交思想のなか

でも重要な位置づけを占めています。ポイントは以下のようになります。

・各国の主権と領土保全を尊重し、他国への内政干渉をせず、各国国民が自ら選択する発展の道と社会制度を尊重する
・冷戦思考を放棄して、一国主義に反対し、集団的政治と陣営を組んでの対決をしない
・ダブルスタンダードは行わず、一方的な制裁はしない

などです。

多極主義への便乗とドル覇権の行方

この意味するところも「米国の覇権主義」への対抗と世界で台頭する「多極主義」への同調です。

世界では力をつけた中東やアジアの国が「自律外交」を主張し始めました。そのなかには、これまで米国をはじめとする西側から押しつけられてきた価値観やルールに反発し、独自の価値観や政治を推し進めようとする勢力も少なくありません。

中国は単独で米国と対峙するのではなく、その台頭する多極主義に便乗する戦略にカジ

を切っているのです。力をつけた各国のプライドをくすぐりながら、自国が生きやすい新秩序へと世界全体を誘導し、結果として形成される多極世界を米国による対中封じ込め策への盾とする考えです。各国にとっては、米国のように内政に文句をつけたりしない中国は、とりあえず手を組みやすいパートナーといえます。

各国への不干渉は中国自身のリスクを減らす効果もあります。最大の事例がアフガニスタン問題に対する中国の関与です。中国は米軍のアフガニスタン撤退以降、積極的に同国の和平に関与してきました。多極主義の旗手としてリーダーシップを発揮する狙いとともに、自国の治安維持への影響も考慮していると思われます。同国を起点に中央アジアが混乱すれば、中国自身も自国へのイスラム過激派の流入や各国での革命発生の余波などを受けかねないという恐れを抱いているためです。その一方で、中国は同国の統治や政治に干渉したり、米国やかつてのソ連のように軍事介入したりしようとはしません。ソ連や米国は「帝国の墓場」といわれる同地域に深く関与し、泥沼状態に陥りました。中国にはそのつもりはまったくないのです。

中国は主要7カ国(G7)が掲げる「法の支配に基づく自由で開かれた国際秩序」の前にも立ちはだかります。米国がロシアやイランなどに加える制裁を「一方的制裁」と呼び、反対しています。こうした方針は、中東やアフリカをはじめとして「非民主的である」などの理由で米国からの制裁を危惧する国々からは一定の支持を得ています。

中国はドル覇権にも挑戦し始めました。一部の国との資源取引や貿易などで人民元を使用し始めたのです。このような動きは全体からみればごくわずかであり、人民元がドルにとってかわることはないでしょう。しかし、重要なのは「いざというときにはドルを代替できる存在が生まれた」という点です。つまりドルを使った経済制裁に逃げ道ができてしまったことを意味します。これまで米国主導の世界を絶対的に可能としていたのは「米国が供与する安全保障への信頼」と「経済制裁の威力を最大化するドル基軸体制」の二つの柱でした。しかし、そのいずれもが完全さを失ったことは、結果として各国を従わせる米欧の神通力に陰りが見え始めたことを意味します。

「カネの切れ目は縁の切れ目」はあるか

さて、中国が自国の「生存空間」を世界に確保していくうえで、強力な武器として活用してきたのが広域経済圏構想「一帯一路」です。同構想は習近平国家主席が2013年に提唱したもので、中国が世界において初めて「中国を主軸とする経済圏」を構築する「野心」をあらわにした、中国の世界戦略の転換点といえるものでした。

2023年10月、「一帯一路」提唱10年の節目に北京で開かれた首脳会議の開幕式で、約140カ国の代表団の前で手を振る習近平国家主席=ロイター／アフロ

基本的には、「現代のシルクロード」として海と陸の各国間の交通インフラを整備し、貿易や経済活動を活発化することで「人類運命共同体」として発展していく――、これが習氏の掲げた理想の主な柱でした。当時、飛ぶ鳥を落とす勢いだった中国が呼びかけた壮大な構想に各国はこぞって参加の意思を示し、提唱から10年目である２０２３年時点の参加国数は１５２カ国にのぼりました。

しかし、「アフター２０２４」に向けて「一帯一路」は重大な岐路を迎えています。

第１に、「一帯一路」が対中警戒論を巻き起こし、中国の求心力が次第に低下していったことです。

中国を中心とした経済圏の構築は「中国が米欧に対抗する陣営をつくろうとする動き」

として米国など西側陣営の警戒を呼ぶ大きな要因となりました。特に、中国が非民主的な国や人権侵害を疑われる政権にも多額の融資や投資を提供したことは強い非難を招きました。

対中警戒論の決定打となったのが「債務のワナ」問題です。すなわち、中国が発展途上国に返せないほどの多額の借金を負わせ、最終的には土地や施設を中国に明け渡さざるを得ない状況に追い込んでいると盛んに批判されるようになったのです。

典型例とされるのが、スリランカのハンバントタ港の事例です。スリランカは財政危機から中国への債務返済が不能となり、2017年7月から99年にわたって同港を中国国有企業にリースすることを決定しました。同港はスリランカの南端にあり、海上交通路の要衝です。そのため、中国がインド洋に軍事的拠点を築く「真珠の首飾り」戦略の一環とみなされました。

こうした事例をみて、発展途上国の側でも中国からの融資や投資を警戒する動きが広がりました。習近平氏は当初、「一帯一路」構想により、自身が世界で尊敬される「偉大な領袖」となることをイメージしていたと思われます。しかし、結果は習氏の思惑とは真逆となってしまいました。副作用のインパクトがあまりにも大きく、中国や習氏の国際的評価をかえって下げる結果につながってしまったのです。習氏にとって理想と現実のギャップ

中国と「一帯一路」参加国の輸出入総額

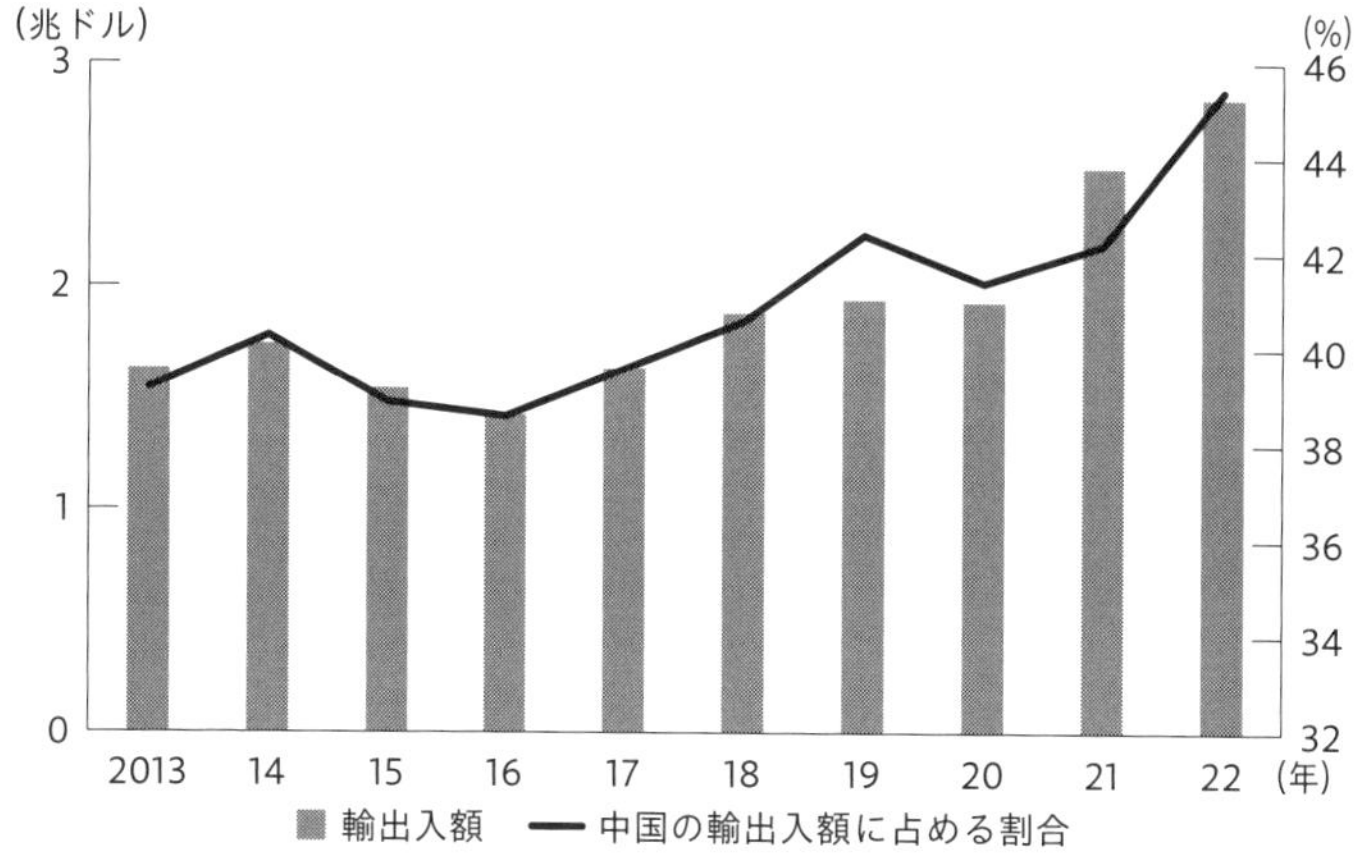

＊中国の「一帯一路」に関する白書より

はあまりにも大きいものでした。

第2の曲がり角も深刻な問題です。発展途上国をひき付けてきた中国の最大の魅力である「資金力」に陰りがみえてきたのです。

中国の「一帯一路」の真髄は「札束外交」でした。中国の資金は巨額であっただけでなく、国際通貨基金（ＩＭＦ）やアジア開発銀行（ＡＤＢ）など他の国際金融機関に比べ、格段に低いハードルで融資や投資が実行されたため、資金調達に苦しむ途上国からは熱烈に歓迎されました。

中国は対外融資や投資の全体像を明らかにしていませんが、「一帯一路」10周年の節目にあたり中国が発表した「白書」の中では10年間の実績として下記のデータを公表しています。

〈中国の参加国向け対外直接投資〉
2400億ドル（約36兆円）
〈中国輸出入銀行「一帯一路」ローン残高〉
2兆2000億元（約45兆円）
〈アジアインフラ投資銀行（AIIB）投資額〉
436億ドル（約6兆5000億円）
〈シルクロード基金投資額〉
220億ドル（約3兆3000億円）

これだけの規模で世界各地に道路や空港、港を建設すれば、それなりの経済効果は生まれます。白書によれば、中国と「一帯一路」参加国の貿易額は10年間で1・7倍に増えました。また、中国は世界銀行が発表した「一帯一路経済学」という報告書の一節を紹介しています。

「一帯一路」の実施以来、地域のインフラ建設の効果により、全世界の貿易コストは1・8％低減し、中国－中央アジア－西アジアを結ぶ経済回廊における貿易コストは10％低減した。この効果は世界の貿易の利便性と経済成長に大きく貢献し、今後、参加国の貿易は2・8〜9・7％、全世界の貿易は1・7〜6・2％、全世界の収入は0・7〜2・9％増加する可能性がある。

しかし、世界に一定のインパクトをもたらした「札束外交」にも限界が訪れようとしています。最大の要因は、中国自身の財政状況が苦しくなってきたことです。不動産市場の低迷で経済が失速し、土地使用権の切り売りに依存していた地方財政は悪化の一途をたどっています。さらに、地方政府傘下のインフラ投資会社「融資平台」の債務が膨脹し、巨額の「隠れ債務」としていつ火を噴いてもおかしくない状況です。

債務国の返済能力を無視した乱脈融資も継続が難しくなりました。焦げ付きが増加し、中国自身も融資のあり方を見直さざるを得ない状況に追い込まれたためです。習氏も「質の高い融資」をめざすことを指示していますが、厳格な審査に基づく融資となればＩＭＦ

『一帯一路』の投資規模は小粒化している

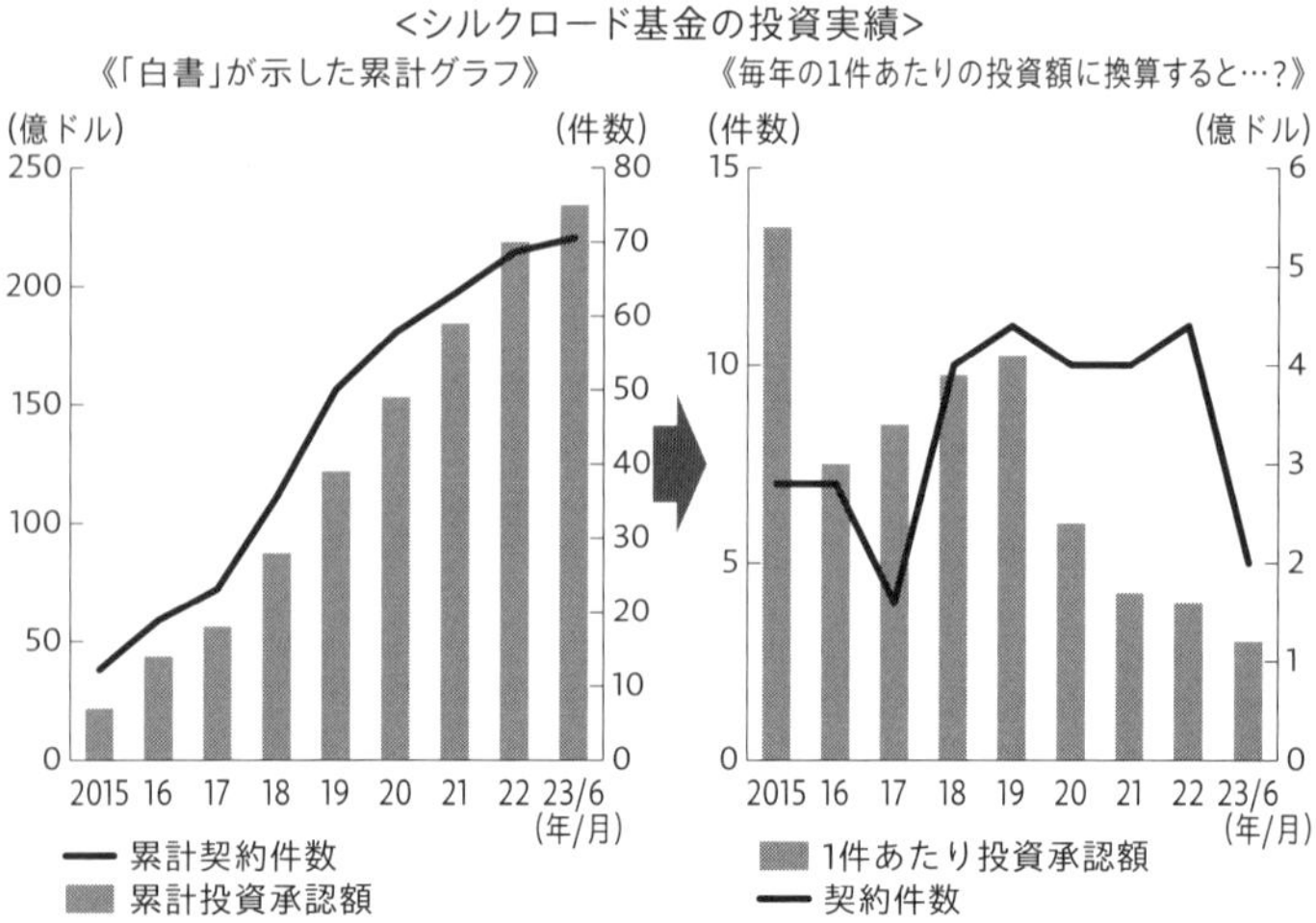

やADBとの違いは少なく、途上国にとっての魅力は薄れます。カネで結ばれた性質が強い関係であればあるほど「カネの切れ目は縁の切れ目」の憂き目を避けられない可能性は高まっています。

では、「札束外交」を脱却した中国の外交はどのような方向に向かうのでしょうか。

現在の方向性をみると、イデオロギーの面での連携から途上国の利益を訴える傾向を強めているようにみえます。前述した習氏の「グローバル安全保障イニシアティブ」をはじめとした「互いに干渉しない多極主義」や、「中国式現代化」として「米国式民主化」にとらわれない中国の経済・社会の発展モデルを途上国にも提供しようという手法です。巨額の資金提供に比べて訴求力やインパクトには大きく欠けるため、中国の影響力維持に寄与するかどうかについては疑問符が付きますが、「グローバルサウス」の国々が台頭する現在の国際社会において、いわゆる「トレンド」にかなった主張となっていることは事実です。

民主か衆愚か、中国が唱える「多極主義」

中国は一貫して「国連重視」の外交方針を強調してきました。しかし、現実には国連はずっと機能不全の状態を続けています。ウクライナ侵攻を仕掛けたロシア自身が安全保障理事会の常任理事国を務めていることも矛盾の表れです。中ロと米欧の立場が割れて国際社会の足並みをそろえることは不可能な状態です。一方、イスラエルとパレスチナが衝突した際には、紛争回避に向けた決議案がイスラエルの側に立つ米国の反対でなかなか決議できない事態もたびたびありました。こうしたことからも、米国や先進国が主導する世界に制度疲労が来ていることは否定できない事実です。

では、中国が訴える「多極主義」の世界に問題はないのでしょうか。

中国が描く新たな世界。そこでは誰も他国に自分の路線や制度を押しつけることなく、各国は自律的に秩序を保つ——。確かに理想的な世界かもしれません。ある意味で非常に民主的ともいえます。しかし、それは「衆愚政治」とも似通う危うさを秘めています。古代アテネの哲学者、プラトンは、大衆が自らの欲望ばかりを主張する民主政を衆愚政治と嫌悪し、混乱に疲れた民衆はいずれ独裁者を求めると警告しました。

これまで人類は悲惨な「過去の過ち」を教訓にして様々な国際法やルールを獲得してきました。中国が推し進める「互いに干渉しない多極主義」の世界が実現したとき、一歩間違えば人類の英知であるはずの法やルールが一段と力を失う恐れがあります。そうなった時、結果として国家権力による戦争や人権侵害によって悲劇に見舞われるのは一人一人の個人なのです。

中国が主張する「多極主義」が今、世界で発展途上国を中心に一定の支持を得ているのは、西側主導の民主主義の限界を示しています。これまで貧しかった多くの国々が次々と台頭し、発言権を求めているならば、新しい状況に見合った新たな世界の意思決定システムが必要となるのは間違いありません。

しかし、人類社会の変革が「退化」であってはなりません。

人類社会の新たな変化が「進化」であるためにはどうしたらよいのか――。米国と中国がこの問題意識を共有し、真剣に世界のあるべき姿を模索する形をつくることこそが、「アフター2024」の世界が今、必要としている本当の「新秩序」なのではないでしょうか。

言葉にすれば「何を青臭いことを」と笑われる、もっともあり得ない未来かもしれません。それでも、そんな世界が来てくれたら、と心の片隅で祈る気持ちが消えることはありません。

せめて声を挙げ続けることは忘れないでいたい。「アフター2024」の入り口に立ち、改めてそう思います。

PART 2

【往復書簡】米中 Round Trip

アフター2024
米中最後の攻防

AFTER 2024
USA vs. CHINA

ここからは、筆者である大越匡洋と桃井裕理が、
米中間の往復書簡スタイルで
2022年4月～2023年7月に交わした
ニューズレター「米中Round Trip」を抜粋・再構成して掲載します。

第1章

どうなる？米中関係

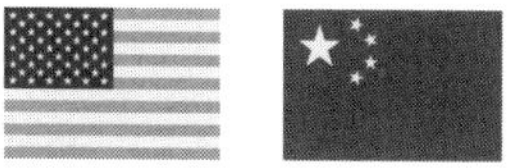

AFTER 2024

USA vs. CHINA

［2023年2月9日］

中国

南シナ海上空 中国戦闘機が米偵察機に異常接近（2022年12月）
=U.S. Indo-Pacific Command／ロイター／アフロ

01

気球から石や草まで中国のハイテクゲリラと迫る危機

読者のみなさん、大越さん、こんにちは。

世の中の動きは本当にめまぐるしいですね。先週の今ごろは「次の往復書簡はブリンケン米国務長官の訪中がテーマだろう」と考えていたのですが、中国の偵察気球（中国は民間の気球と主張）のために訪中はまさかの延期になってしまいました。もっとも中国外務省は「米中双方は（訪中について）まだ発表していなかった」として事実上、なにごともなかったスタンスにしています。

この件で、心の底からびっくりしたことが

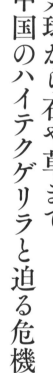

ありました。米国防総省高官が2023年2月2日に気球の存在を明らかにすると、中国外務省が3日夜、急遽コメントを発表し「中国の無人飛行船が不可抗力で米国に誤って進入したことに遺憾（regret）を表明する」と述べたのです。「遺憾」とは遠回しに謝罪を伝える言葉です。日本では政治家が頻繁に使用しますが、中国が米国に謝罪するのは見たことがありません。中国共産党始まって以来ではないでしょうか。それだけ中国にとってはブリンケン氏の訪中による米国の対中規制の緩和への期待が強かったということでしょう。

ところが、そのコメントから数時間後、米国はブリンケン氏の訪中延期を明らかにしました。これを受け、中国政府の態度も一変しました。今、中国は自国による領空侵犯は棚上げして気球撃墜に猛烈に抗議していますが、むしろこちらが通常運転モードだといえます。

さて、中国は飛行船を含む軍事気球の開発に長年情熱を注いできました。中国の軍事メディアは「高高度気球は我が軍にとって何十年来の旧友」という言い方をしたこともあります。2021年には米軍事サイト「THE WAR ZONE」が、衛星写真をもとに中国が飛行船の巨大な基地を新疆ウイグル自治区に建設していることを指摘しました。

「解放軍報」は2021年12月、「気球：戦場における魔法の効用」と題した特集を科学技術面で組みました。自国の開発状況は開示しないため、記事中で引用されていた事例は米国やイスラエル、ロシアなどでしたが、中国が気球をどうみているかは推察できます。要点をまとめましたが、将来技術に関する部分はなかなか興味深いです。

【用途】
①偵察監視　②通信中継　③防空　④攻撃誘導
【メリット】
①滞空時間が長い　②カバー範囲が広い　③環境を選ばない　④安全　⑤低コスト
【今後の技術開発の方向性】
①超大型と超小型への二分化　②ステルス化　③精度の向上　④新機能の獲得
（新機能の例）大気中でミサイルやロケットを打ち上げると空気抵抗で大量の燃料が必要となるが、気球を発射台として空気が希薄な高高度から打ち上げれば問題を解決できる

現時点では、偵察監視としての能力は衛星などに比べて高いわけではないといわれています。それでも気球には大きなメリットが2点あります。偵察用兵器としては安価である

こと、そして、ゲリラ的な存在であることです。今回の気球も、米国本土に入り込むことには成功しました。これが偵察機であったならば、米国に近づくこともできなかったはずです。

「解放軍報」では、気球以外にもゲリラ的な偵察監視兵器が紹介されたことがあります。ユニークなところでいえば「スパイ・グラス（草）」です。見た目はリアルで、四季の移ろいとともに色を変える一方、高感度のセンサーやカメラ、マイクを搭載し、草のふりをしながら情報を収集し、送信するそうです。「広範囲にばらまけば巨大な情報網を構築する」とのことです。「スパイ・ストーン」というのもありました。機能は「スパイ・グラス」とほぼ同じです。いずれも1つ1つの情報収集力は大きいとはいえませんが、目立たず敵陣のふところに居続けることが可能な点が特徴です。数で勝負する人海戦術的なイメージを思い起こさせます。

さすがにこうした技術は「荒唐無稽な未来の技術」、いわば「小ネタ」だとは思いますが、印象深かったのは「ハイテクゲリラ」ともいうべきこの発想です。人民解放軍はそもそも前身がゲリラ軍ですが、今や世界有数の大軍でありながら米国との闘いを今も「非対称戦」の意識でとらえているのだなあと考えさせられました。

今回は、中国が世界中から非難されていますが、中国自身は米国の偵察監視活動に強烈な不満と被害者意識を持っています。中国が米国に接近偵察を行うのは非常に困難である一方、「中国の庭先」における米軍の偵察監視活動は日常茶飯事であるためです。人民日報は2014年に「米軍は対中偵察をやめるべきだ」という社説を発表し「米軍の対中接近偵察は範囲が広く頻度が多い。兵力も種類も多く、隙間のない立体偵察網を構築している」と非難しました。

「新中国建国以来の三大国辱事件」の1つに数えられている案件もあります。2001年4月に起きた海南島衝突事件です。

同年4月1日、米海軍偵察機「EP3」と中国人民解放軍の戦闘機「J8Ⅱ」が海南島沖で空中衝突し、米偵察機は海南島の中国海軍基地に不時着しました。搭乗員24人は無事でしたが、全員身柄を拘束されました。一方、中国の戦闘機は墜落し、パイロットは行方不明となりました。中国は「衝突したのは海南島の東南70カイリの中国の排他的接続水域であり、米国の国際法違反」と主張して正式な謝罪と賠償を求めましたが、米国側は衝突場所を「公海上で米側に責任はない」と拒否し、機体と乗員の返還を求めました。米中は激しい非難合戦を展開し、東アジアは「冷戦終了以来」といわれる極度の緊張状態に陥りました。

11日間に及ぶ対立と水面下のぎりぎりの交渉の結果、人質をとられた米国が妥協案に応じ「①事故の発生は遺憾（regret）②中国人パイロットと家族への哀悼の意③米機の緊急着陸は大変残念（very sorry）」との内容を表明し、中国側がこれを「米政府が領空侵犯の非を認めて謝罪した」と解釈することで乗員解放に応ずる玉虫色の解決を図りました。

危機は回避されましたが、中国国内の憤懣《ふんまん》は消えませんでした。死者が出たにもかかわらず米国は非を認めなかったうえ、当時の米太平洋軍司令官が「米偵察機への中国軍機の追跡には前から抗議を申し入れていた」など「対中偵察は当然」との前提に立って中国を非難したためです。中国外務省が最近使う言葉でいえば「上から目線」でモノを言われました。

冷戦期には米軍偵察機「U2」が台湾軍経由で中国領空を盛んに飛行し、屈辱を味わってきた経緯もあります（中国側が撃墜した戦果もありますが）。今回の気球事件で対中非難が高まると、中国のネット上では「それなら米国も今までのツケを払え」との反発も出ました。中国側には根底に「米国と同じことをしてもいつも中国ばかりがたたかれる」という被害者意識があります。今回の気球事件を機に、米国へのルサンチマン（弱者が強者に対して抱く憤りや恨み）がますます膨れ上がったのは間違いありません。

もちろん米国が盛んに対中偵察をしているからといって、中国の偵察気球の領空侵犯が正当化されるわけではありません。ただ、中国側の「被害者」としてのものの捉え方には注意が必要です。習近平政権が進める「中華民族の偉大な復興」も、最大の原動力は「植民地時代に列強に不当に蹂躙された」という民族としてのルサンチマンだと思いますが、そのエネルギーは大きく、理屈を超える破壊力もあります。そこを軽視すると中国の出方を見誤る恐れもあるのではないでしょうか。

２０２２年12月末には、南シナ海で中国の戦闘機「Ｊ11」が米軍の偵察機「ＲＣ１３５」に６メートルの近距離まで接近する事件もありました（本項冒頭の写真）。気球事件が起きなかったとしても、米中が向かい合うアジアの現場では緊張が高まっています。気球事件によって極限まで膨らんだ中国のルサンチマンが非合理な衝突を引き起こす。そうした事態を未然に防ぐため、米国、中国、日本は持てる限りの外交力を発揮しなければならないタイミングだと思います。

ところで、大越さん。中国は即座に謝罪してまでブリンケン氏の訪中を実現しようとしました。もし訪中が実現していたら、どのような成果が期待できたのでしょうか。

大越匡洋からの返信

桃井さん、全く同感です。私も中国外務省の「遺憾声明」には目を疑いました。文意をかみ砕けば「本当にゴメン！悪気はなかった！わざとじゃない！」という平謝りの印象です。ワシントン支局の同僚にはこの声明の珍しさを私なりに説明しました。

問題は、中国側がそこまで下手に出たつもりでも、米国世論には届いていないことです。特に議会は与野党を問わず、タカ派が対中強硬姿勢を競う状態になりました。

国際政治や歴史を知る方ほど「たかが気球」と受け止める印象がありますが、されど気球です。いったん火が付くと人々の感情は制御が難しくなります。日本と比較にならない規模の「大衆動員」が政治を動かす米民主主義ではなおさらです。理路整然とした説明も、激高する人々には上から目線の理屈にしか聞こえず、不安や憎悪を軽くしません。米国人の感情を不用意に刺激した点だけみても、気球は余計でした。

ブリンケン国務長官は2023年2月3日、その日夜に出発する予定だった中国訪問を延期しました。中止ではありません。2022年11月のインドネシア・バリ島での米中首脳会談で約束した対話の継続をフォローアップするための訪問でした。

米中はここ数年でたまったマイナス要素が限界値を超えて底抜けしないよう、対立を管理する局面に入ろうとしています。この点は両国の共通認識です。ブリンケン氏の北京訪問が実現したからといって、米中関係が一気にプラスに転じることはないでしょう。それでも私が注目していたテーマがあります。ウクライナ問題です。

ロシアの侵攻から2月24日で1年がたちます。ロシアが再び大攻勢をかける懸念も根強いです。バイデン氏はバリ島での習近平氏との会談で「核兵器の威嚇や使用は全く容認できないという共通の信念を再確認した」と説明しました。

米国としては中ロの間にくさびを打てないにしても、「核はダメ」を最低線として、中国を「こちら側」にできるだけ引き留めることが重要になります。ブリンケン氏の祖父はいまのウクライナの首都キーウで生まれ、ロシア革命の混乱を逃れて米国に移民しました。ブリンケン氏はウクライナ支援に並々ならぬ思いを抱いています。

外交は貸し借りの連続です。習氏が北京でブリンケン氏と会い、再び「核はダメ」と繰り返すだけで米国に十分に貸しを作れると中国が考えても不思議はありません。

ロシア側が2022年末に明かしたことですが、習氏はこの春のロシア訪問が取り沙汰されています。思えば1年前の今ごろ、ロシアのプーチン大統領は北京冬季五輪の開幕式に出席していました。すでに遠い昔に思える「戦前」の出来事です。米国との対話が途切れたまま習氏が訪ロすれば、両国の「枢軸感」はいや増すことでしょう。米中は、互いにボールをやりとりする重要な機会を見送ることを迫られました。やはり、「されど気球」です。

（2023年2月9日）

［2022年5月12日］

米国

02 変わる「米国人」と老いる「中国人」

米大統領夫人がウクライナ訪問、オレナ夫人とも面会（2022年5月）＝ロイター／アフロ

読者のみなさん、桃井さん、こんにちは。

ジル・バイデン米大統領夫人がウクライナを電撃訪問した母の日の週末が過ぎました。その直前、人工妊娠中絶を憲法上の権利と認めた1973年の判例を覆そうとする連邦最高裁の内部資料が暴露されました。人は誰でも生物学上の母から生まれ、現生人類に最も近い共通の女系祖先を「ミトコンドリア・イブ」とも呼びます。ロシアの蛮行と米国の分断から、たまたまこの世に生を受けた重みについて考え込みました。

幸運にも命を受け継いだ個が集まり、社会や国をかたちづくっています。文化、宗教、民族、性別。自他を「区別」するために人は様々な言葉を発明しました。では「米国人」というとき、みなさんはどんな言葉でくくったイメージを思い浮かべますか。「米国人」の実像をとらえることが難しい原因の1つは言うまでもなく、米国を米国たらしめている「移民国家」という国の成り立ちそのものにあります。

「まさか自分がウクライナ人女性を選ぶとは思っていなかった」。東部ペンシルベニア州フィラデルフィアに住む30代前半のミコラ・コシクさんは2022年6月に結婚する予定です。お相手はウクライナ西部出身の女性。ミコラさん自身はウクライナ移民3世にあたり、20世紀初めに設立された地元ウクライナ系住民団体の幹部を務めています。

ウクライナ製ドレスも用意しましたが、若い2人の心境は複雑です。ロシアによる戦争が始まり、ミコラさんの婚約者は故郷に残る父や兄弟の安否を1日に何度も確認する日々を送っています。モスクワに住む彼女の親戚はロシア軍侵攻後も「ウクライナ人がロシア兵を傷つけている」と主張し続けたため、最後は義絶したそうです。

「米国生まれなのに、第一言語はウクライナ語だった」というミコラさん。ロシア革命やナチスドイツによる占領、冷戦終結など激動のたびに新天地を求める移民の波が起き、フィラデルフィアなど欧州に近い東海岸や工業地帯を中心に全米のウクライナ系住民は

100万人を超えました。ブリンケン国務長官の祖父もウクライナ移民です。

ロシアとの衝突を避けるバイデン政権の対応をどう思うか。ミコラさんは「ウクライナで起きたことを見た人たちは共和党側につくだろう」と答えました。彼より一世代上で、建築業を営むアンドリュー・コザクさんは「イライラしている」と不満を隠しません。老いても働き続けた移民1世の両親を思い出し、「仕事に行かない人まで政府が財政支援するのはおかしい」と批判の矛先は民主党の内政運営に向かいます。

彼らは「米国人」です。同時に「ウクライナ人」でもあります。移民国家・米国にとってウクライナは懐の内にあります。首都ワシントンの中心部にはウクライナ語文学の始祖とされるタラス・シェフチェンコの像が立ち、ユニオン駅近くでは旧ソ連時代の1930年代にスターリンが引き起こしたウクライナの飢餓による大量死を悼む「ホロドモール記念碑」を見られます。内政と外交が地続きで連なる印象があります。

同じように「米国人だけどロシア人」、「米国人なのに中国人」といった人々を集団として内包しているのが米国社会です。よく知られているように、「白人の国」という米国のイメージは急速に遠ざかっています。1990年に75%を占めた白人(ヒスパニックを除く)の比率はすでに60%を下回り、2045年には50%を割り込む見通しです。

民主党は「多様性」が売りですが、バイデン政権は皮肉なことに黒人、ヒスパニックの支持率が低下しています。「新たな移民」が増え、「古くからの移民」の保守化が進んでいるとも指摘されます。「米国の中間層」といったかつてのストライクゾーンのイメージを米国人自身が見失っていることも影響しているでしょう。移民は経済の活力の源である半面、社会を複雑に、政治を不安定にしています。

人口減少が続く日本が長期停滞を抜け出せないように、人口動態は国の命運を左右します。中国は一人っ子政策を長く続けました。北京にいたとき、高騰する教育費について取材したママたちに「もし中国が戦争を始めたら」という「空想」をぶつけたことがあります。「全国でママの反乱が起きる。戦争しない軍だと思うからこそ、農村の母親も一人息子を軍に安心して『就職』させている」。印象的な答えでした。

桃井さん、移民受け入れを厳しく制限する中国で新たな議論はありませんか。一人っ子政策にせよ、その緩和にせよ、夫婦の寝室という究極のプライバシーに権力が土足で踏み込む発想は、人権や自由の対極です。中国の65歳以上人口は全体の14%を超え、「高齢社会」に入りました。安定は強さとなる半面、変われずに硬直すればもろさに転じます。世界に「中国人」を開放する。そんなとがった意見はないですか。

桃井裕理からの返信

大越さん、こんにちは。

移民国家・米国のリアルを感じさせるリポートを面白く拝読しました。一方で、中国において移民拡大に向けた議論が広がる難しさも改めて痛感しました。

中国メディアの推計では「中国では2025年までに製造業の重要産業で3000万人近くが不足し、介護職員や家政婦では少なくとも4000万人の人員が必要になる」といいます。移民は重要な選択肢のはずですが、中国では「とがった議論」はなかなか出てきません。

2020年のことですが、ある学者が「外国の移民を増やすべきだ」と発言したと報道され、ネットで袋だたきにあいました。最後は当該学者が「そんな発言はしていない」という声明を発表し、ようやく騒動を収めたと聞いています。外国人慣れしていない中国社会の移民アレルギーは日本以上に大きいと思われます。

それだけではありません。いま習近平《シー・ジンピン》政権は新型コロナウイルスを理由にしながら、まるで「鎖国」のような政策を進めています。外国人の入国をこれまで以上に厳しく絞り込むと同時に、中国人の留学なども再び難しくなっているようです。人民が米欧の空気に触れ、中国共産党礼賛以外の思想や多様なものの見方を持つのを恐れているためです。英語の授業や外国人教師を減らしたのと同じ理由です。

中国の雇用は不均衡な状況です。

大学進学率があがり、低賃金の肉体労働をしようという若者は減りました。新型コロナウイルス拡大前までは、工場やレストランでの人手不足が大きな問題となっていました。一方、大学に進学した若者はホワイトカラーをめざしますが、その門戸は決して広くなく、就職できない学生も増えています。

習氏はこうした流れを変えるため、幼いころから人々に労働賛歌をたたき込み、就業意識を変えていこうとしています。2022年4月には、職業訓練学校を大学や高校など普通教育と対等の位置づけとし、採用などでも差別しない法改正を実施しました。若者を技能工や介護士などの専門職に誘導するためです。さらに、小学校では今後「労働」を教える授業を始めるようです。

とはいえ、習氏の思惑どおりに中国の人たちの考えが変わっていくかというと、なかなか難しいと思います。子どもを持つ知人に聞いても皆、答えは「総論賛成、各論反対」。「自分の子どもにはやはり大学で高学歴をとらせたい」と口をそろえます。

中国の高齢化と将来の労働力減少はもはや避けて通れない問題です。大越さんが指摘したように、習近平政権下の中国は硬直性がもろさとなり、国の将来を揺るがそうとしています。

（2022年5月12日）

［2022年5月26日］

中国

03
中国がバイデン氏訪日の裏で仕掛けた「米国包囲網」

北京の街を消毒する「大隊」と封鎖地区で配布された「野菜セット」（2022年5月、中国のSNSより）

大越さん、読者のみなさん、こんにちは。

北京は今、新型コロナウイルスのための「ゼロコロナ」政策がじわじわと広がっています。日々の新規感染者数は40～50人程度にもかかわらず、すべての飲食店や様々な施設、公園が閉鎖させられてしまいました。

ゼロコロナは今や防疫措置という目的を超え、数千万人を巻き込んだイデオロギー闘争の域に入っています。そしてこれが措置ではなく闘争であるがゆえに「何が必要か」よりも「いかに過激であるか」が重視され、北京でも各地区が管理の徹底ぶりを競うようになっています。ある地区は感染者が出た区画に住む陰性の住人2000人近くを一斉にバスに乗せて河北省の集中隔離施設に送ってしまいました。そのような大人数で移動すればかえって感染拡大のリスクが高まる気がしますが、そんなことは気にしないのでしょう。

街の消毒合戦も過激化し、消毒部隊が大量の消毒液をまき散らしながら道路を行進する写真がSNSなどに次々と掲載されました。さすがに環境や人体に有害だとの批判が相次ぎ、北京市が「過度の消毒」を禁ずるお触れを出す事態となりました。

多少評価できるのは、上海の失敗を踏まえ、閉じ込められた人々にいかに迅速に食料を配布できるかについても競っている点でしょうか。海淀区が封鎖住宅に夜通しで8万5000個の野菜セットを緊急配布したという「美談」では、野菜に「愛心野菜包」というありがたそうな名前もつけて宣伝するなどプロパガンダも徹底しています。

さて、北京市民がひたすらゼロコロナに振り回されている間にも世界は大きく動いています。今週はなんといっても東京で開かれた日米首脳会談、および日米豪印の4カ国の枠組み「Quad（クアッド）」の首脳会談です。日米首脳会談後の共同記者会見でバイデン米大統領は台湾有事における米国の軍事関与に言及し、クアッド首脳会議では各国が中国を念頭に海洋監視での協力を盛り込んだ共同声明を発表するなど対中圧力を強める動きが加速しました。

中国はこれに対してどんな動きを展開したのでしょうか。表向きにはいつもどおりの抗議や爆撃機飛行などの示威行為が目立ちますが、裏側では一連の首脳会談をにらみ、米国を激しく牽制する独特の外交も展開していました。

その1つがカリブ海・中米諸国との強固な関係の誇示です。同地域はかつてソ連のミサイル搬入を巡る「キューバ危機」の舞台ともなった「米国の裏庭」です。

まず2022年4月29日、オンラインでカリブ海諸国と外相会議を開きました。中国の王毅国務委員兼外相とドミニカの首相代行が共同議長を務め、バハマ、グレナダ、ガイアナ、ジャマイカ、スリナム、トリニダード・トバゴ、バルバドス、アンティグア・バーブーダの外相が出席しました。日米首脳会談直前の5月20日には王毅氏がウルグアイ、エクアドル、ニカラグアの外相と電話で協議しました。

この地域における中国外交はこれまで「台湾と外交関係を持つ国の争奪戦」という文脈でとらえられてきました。しかし、中国が米国に対抗する軍事力を持とうとする今、その意味合いは変わりました。カリブ海・中米地域は中国が米国の喉元に匕首《あいくち》をつきつけてみせることができる場所なのです。

中国人民解放軍は長い時間をかけて同地域への浸透を図ってきました。ラテンアメリカ・カリブ諸国共同体との間には「ハイレベル防衛フォーラム」という枠組みがあり、中国は各国の軍に向け軍人教育を実施しています。人民解放軍の特殊部隊はベネズエラなどでジャングル戦の訓練をしていますし、海軍の艦隊はキューバをはじめとするカリブ海の国々に何度も寄港してきました。同地域は中国の兵器の重要な販売先でもあります。もちろん中国は各国で空港や港、運河などの重要なインフラ建設も手掛けてきました。

同地域には強権的な政権が多く、米国は厳しい制裁を科しています。その結果、反米色を強めた国が中国との関係強化や中国の支援による軍備増強に走り、米国の脅威となっています。

中国の人民日報は今回の日米首脳会談をこう非難しました。「日本は『狼を部屋に引き入れる』形で地域の平和と安定を脅かす」。中国は逆に、カリブ海や中米の国々の手によって米国の裏庭に「引き入れられる」姿をみせつけたといえます（もちろん「狼」だとは認めないと思いますが）。

王毅氏の動きはまだ続いています。本日（2022年5月26日）からは南太平洋島嶼国7カ国と東ティモールの歴訪に出発しました。これらの国々は太平洋地域の米軍とオーストラリアを分断する列島線を形成しています。最初に向かうソロモン諸島では4月に締結した安全保障協定の正式な調印式を行うとみられています。クアッドへの具体的な挑戦です。

中国がこうした縦横無尽な外交を展開できるのも一重に「カネの力」です。その観点からみれば、今回のクアッドで重要なのはインフラ分野での合意事項かもしれません。4カ国首脳は「今後5年間でインド太平洋地域のインフラに500億ドル以上の投資をする」と発表しました。

これまで中国の独壇場だった発展途上国支援に米国も積極的に乗り出せば、中国はさらに資金を積み増さざるを得ないでしょう。しかし、中国が国外でばらまける財源は先細りとなりつつあります。ゼロコロナのために経済の失速も避けられません。国内の社会保障費の増大なども予想されます。そもそも中国の途上国支援は非効率なものが多く、投じた額の割に対象国の不満が大きいことでも知られています。

米国はかつてソ連を軍拡競争に誘い込むことで経済を破綻させ、ソ連崩壊に誘導する「封じ込め戦略」をとりました。中国はソ連と違って経済大国であり、同様の戦略は適用できません。しかし、対外的な財源が厳しくなりつつある中国を各国が連携して支援競争に誘いこめば、中国の覇権戦略を早期に食い止めるうえでの「封じ込め」を可能にするかもしれません。所詮は「カネの切れ目は縁の切れ目」なのです。

今後、問われるのは対中包囲網形成にかける米国の本気度です。

バイデン氏の台湾有事に関する発言はホワイトハウスが即座に否定し「失言」になってしまいました。同じ記者会見でバイデン氏はトランプ前政権が設けた対中制裁関税の引き下げを「検討する」との考えも示しました。対中包囲網にとっては逆向きのメッセージといえます。

中国は一連の首脳会談に「強烈な不満」を表明しましたが、過去の様々な反応と比べてみても、実はそれほど強烈に反発しているわけではありません。背景にあるのは、バイデン氏があちこちでにじませる甘さではないでしょうか。

大越さんは今回、バイデン氏の訪韓・訪日に同行し、一部始終を取材しましたね。大越さんからみて対中包囲網形成に対するバイデン氏の本気度はいかほどでしょうか。また、記者会見など現場の空気を教えてください!

大越匡洋からの返信

桃井さん、こんにちは。先週から今週にかけてバイデン米大統領の韓国、日本訪問に同行しました。

バイデン氏の危機感、つまり中国が一方的に力で現状変更することは許さないという「中国抑止」の気持ちは本物です。もちろんそれが成功するかどうかは別物です。「Ｙｅｓ」。２０２２年5月23日、バイデン氏が最後の記者の質問に答えたとき、日米首脳共同記者会見に出席していた私たち同行記者団に緊張が走りました。「台湾の防衛に軍事的に関与する意思はあるか」との質問への答えでした。「Ｙｏｕ　Ａｒｅ？（そうなんですね？）」と確認した記者に、バイデン氏は「それが私たちの約束だ」と2回繰り返しました。

私はバイデン氏の顔を正面から見る席にいました。バイデン氏にためらいはなく、即答でした。私は思わず隣に座っていたアジア系の記者と顔を見合わせ、それぞれのメモに「Ｙｅｓ」と大きく書いてあるのを見せ合いました。

米国は「中国本土と台湾は不可分」という中国の立場に異を唱えない一方、台湾の安全保障に関与する「一つの中国」政策を掲げています。中国の譲れない主張「一つの中国」原則を米国は「acknowledge（認知）」する立場です。モヤモヤしますが、中国との国交回復後も台湾との関係を保つためにあえてわかりにくくしたわけです。

中国が台湾への武力侵攻に動いた際の対応をあらかじめ明確にせず、中国を抑止する「戦略的曖昧さ」を続けてきました。バイデン氏の「Yes」はその「曖昧」を捨て、戦略を「明確」に転換する発言とも受け取れます。

私たちが「おっ」とざわついたのは、もう一つ理由があります。バイデン氏の失言癖です。バイデン氏は情念の人。優秀な側近がまとめた公式答弁からしばしば逸脱し、物議を醸します。大統領の真意をすぐに見極めきれず、現場の記者は緊張しました。

バイデン氏は大統領就任後、少なくとも2回、今回と同じく「戦略的曖昧さ」を逸脱する発言をしました。2021年の8月と10月で前者はテレビのインタビュー、後者はCNNの有名キャスターが司会を務めた対話集会でした。

2022年5月23日の記者会見も含めて、ホワイトハウスはいずれも直後に「米国の台湾政策に変更はない」と発表しています。バイデン氏自身も今回の記者会見で「台湾政策の変更はまったくない」と断っていますから、公式に外交方針は変えていません。

私は「失言」とは思いません。3回も同じ回答ですから、米軍の最高司令官であるバイデン氏がそう確信しているとみるべきでしょう。ホワイトハウスの「火消し」があまりに素早いことからみても、大統領の発言をあらかじめ織り込んで情報発信の戦術を組み立てていると思います。「戦略的逸脱」というのは褒めすぎでしょうか。

中国に対するメッセージは明らかです。記者会見後にやりとりしたワシントンの情報分析の専門家は「米国がレッドラインを引き、中国が軍事的な動きを見せれば、米国は『一つの中国』政策を捨てると中国に知らせるための発言」とみていました。

反対意見もあります。出張に先立って話を聞いた戦略国際問題研究所（ＣＳＩＳ）のボニー・リン氏は「米国が台湾防衛への関与を明確にすることの利益はわずか」とみます。現在の戦略的曖昧さの下でも「中国は米国が台湾を守らないことを想定できないから」です。戦略の明確化は「中国による様々な方法での台湾に対する圧力」を誘発する懸念があるため、むしろ台湾の防衛力を高める実質的な行動を促しています。

バイデン氏は今回、日米、韓国、オーストラリア、インドなど13カ国でインド太平洋経済枠組み（ＩＰＥＦ）を始動させることも表明しました。軍事だけでなく、経済でも中国を抑止するルールづくりをめざします。ただ中身はこれからです。

２０２１年11月の中間選挙で民主党は劣勢です。民主党が議会で多数派の地位を失えば、バイデン政権は政策推進力を失います。バイデン氏の本気は伝わりましたが、それを実現するために費やせる時間も政治資源も多くないという現実もみえています。

（２０２２年5月26日）

［2022年7月21日］

中国

米大統領が中東歴訪サウジ皇太子と会談（2022年7月）＝Bandar Algaloud／サウジアラビア王室／ロイター／アフロ

04 ― バイデン氏の「手ぶら帰国」に喜ぶ中国と日本の危機

読者のみなさん、大越さん、こんにちは。

中国では2022年秋の中国共産党大会を前に、各省・自治区・直轄都市で順番に開かれていた代表選出会議がほぼ終わりました。注目すべきは各省トップのスピーチです。いずれも習近平国家主席に対してどれだけ派手な賛辞を人目もはばかることなく言えるかの大会になっています。私からみた「賛辞ランキング」のトップは天津市です。大量すぎて引用が難しいのですが「習総書記の崇高な威光や卓越した智慧、人格の魅力は我々の政治的財産であり、精神的財産であり、我々が艱難辛苦に勝利し、新たな歴史的偉業を成し遂げるための力の源泉である」など徹頭徹尾振り切った内容でした。

そして、いよいよ河北省・北戴河にある避暑地で恒例の「北戴河会議」が開かれる見通しです。この会議は非公式の秘密会議で、中国共産党の長老や党幹部らが集まり、その年の人事や重要政策の方針を定めるといわれています。つまり2022年は秋の党大会における新体制の形が決まるとみられています。

さて、そんな微妙な情勢下、中国があることに喜んでいます。何に喜んでいるかというと、バイデン米大統領のサウジアラビア訪問がほとんど成果なく終わったとみられることについてです。

バイデン氏の今回の訪問の最大の目的は、ウクライナ危機と対ロシア制裁で不安定な値動きが続く原油の増産をサウジに要請することでした。選挙を前に物価高に対応する必要もあるとみられます。しかし、サウジ側から増産方針は示されず、市場では原油相場がかえって上昇しました。

サウジがバイデン氏の増産要請に応えなかったのは、中国に配慮したわけではないでしょう。サウジはロシアとの関係も留保していますし、原油価格の高止まりはサウジにとっても悪い状態ではありません。それでも中国ではネットニュースを中心に「バイデン氏は手ぶらで帰った」「サウジが中国を選んだ」との論調が相次ぎました。

たとえば「米国が反中陣営に取り込もうとしたが、サウジはすぐにBRICSへの加盟を申請した」。ブラジル、ロシア、インド、中国、南アフリカによるBRICS国際フォーラムの会長が2022年7月中旬、ロシアメディアのインタビューで「サウジ、エジプト、トルコの3カ国が加盟申請の準備に入った」と語った内容を指しています。サウジ外相が米国メディアなどに答えたインタビューからも「中国は最大の貿易パートナーだ」「中国敵視には反対する」など都合のよい部分が盛んに引用されていました。

サウジが最近、中国との関係を深めているのは事実です。サウジは長年、米国と「石油と安全保障」を交換する蜜月関係を築いてきましたが①米国自身が石油産出国となった②安全保障面でも中国をにらんだアジア重視が強まった③サウジに対して人権問題での非難を強めていた——などの理由を背景に米国とは距離を広げてきました。

その隙間に入り込んだのが中国です。中国は今、サウジにとって輸出も輸入もダントツのトップです。最近では「サウジが人民元での石油取引を検討している」との報道もありました。サウジは中国がドル覇権に挑戦する最前線でもあるのです。

そして安全保障分野でも、米国が重要兵器の売却に慎重なことから、中国が存在感を増しています。たとえば、サウジは米国が売ってくれないドローン兵器を大量に中国から購入しています。2022年3月には中東の地元ニュースが「中国の政府系企業である中国電子科技集団が軍用ドローン工場の建設で現地企業と正式合意した」と報じました。自国の軍需産業の育成はサウジの悲願です。

さらに、サウジは中国から弾道ミサイルを秘密裡に購入しているとみられています。実は1980年代に中国の弾道ミサイル「東風DF－3」を35億ドル分にものぼるといわれる量で購入していたことはサウジが情報公開しています。これを受け、米国などで相次いでいるのは「退役となるDF－3の後継として『DF－21』をサウジがすでに購入済みだ」との指摘です。

「米国が売らないのであれば、私たちは必要なものを他から調達するだけだ」。中国メディアは今回、サウジ外相によるこんな発言も伝えました。

そして、実際のところサウジを米国から遠ざけている最大の要因はバイデン氏との人権問題をめぐる対立にあると思われます。

バイデン氏は2018年、サウジの反体制派ジャーナリスト、ジャマル・カショギ氏がトルコのサウジ領事館で殺害されたことについてサウジや同国の実力者であるムハンマド皇太子を強く非難してきました。

もちろんジャーナリストの殺害は許すべきではない深刻な人権問題であり、バイデン氏の政治的信条や理念からいっても避けては通れない問題です。一方で、指導者は時には国家の利益のために政治的信条を一時的に隠し、外交上での「腹芸」をみせることもあります。今回のバイデン氏の外交戦略に疑問を持たざるを得ないのは、それが理念の貫徹でも腹芸の併用のどちらでもないようにみえることです。

バイデン氏は大統領選の際にサウジを「国際社会ののけ者にする」と表明しました。国際儀礼上もかなり踏み込んだ表現です。サウジのように地政学的にも安保・経済戦略上も重要な位置づけを持つ国を自分から「非米国陣営」に押しやる以上は米国としてもそれなりの覚悟があると考えるべきでしょう。

一方で「何かあった時は協力を要請しよう」という戦略もあるのなら、人権問題を非難するにしても「国際社会ののけ者にする」などという表現を使うのは悪手以外のなにものでもありません。バイデン氏は2021年末に開いた「民主主義サミット」の際も一部の国を招待しませんでしたが、そのやり方も招かれなかった国々をわざわざ中国側に押しやってしまう結果につながったかと思います。

今回、バイデン氏は「のけ者」発言についてはなんの説明もしないまま、サウジに原油増産への協力を要請したことになりますが、そのような外交姿勢を続けていては中国が米国を非難する際に使う「上から目線」という表現を否定できないのではないでしょうか。そして結果として、米国の大統領がわざわざ出向いて要請したにもかかわらず「手ぶらで帰された」という事実は、中東における米国の力の低下を象徴するかのような出来事になってしまったと思います。

今回の出来事が日本のエネルギー安全保障に与える示唆は大きいです。日本にとってサウジは有数の親日国であり、日本の外交関係者からも「サウジは日本をとても大事にしてくれる国だ」と聞いたことがあります。しかし、それも日本が長年、サウジにとって最大の原油輸出先だったからです。しかし、すでに中国が輸入でも輸出でもサウジの最大貿易相手国です。日本は今、かろうじて輸出先2位を保っていますが、早晩インドに抜かれそうな勢いです。

これに加えて米国の影響力も低下した場合、サウジがいくら親日国だとしても、これまでのように日本を優先してくれるとは限りません。エネルギー危機時における日本にとっての大切なカードが弱まろうとしています。

日本がやるべきことは2つあると思います。岸田文雄首相はバイデン氏に対中戦略の一環として途上国や小国との付き合い方を考え直すよう進言すべきだと思います。これは米国の同盟国の首脳として、そして途上国との外交や支援で実績のある日本のトップとして、果たすべき責務ではないでしょうか。

もう1つはサウジが脱原油依存に向けて力を入れている経済構造改革「ビジョン2030」の支援戦略の再構築と再強化です。日本もすでに関与する方針を打ち出し、環境技術やベンチャー育成の支援などに乗り出しています。しかし「ビジョン2030」の支援は当然、中国も視野に入れていますし、サウジが強く求めるフィンテックやスマートシティー、メタバース、人工知能（AI）などの最新テックは残念ながら日本に優位性はそれほどありません。日本は米国やインドとタッグを組み、両国の技術とベンチャーキャピタル（VC）を共に活用しながらサウジにアピールするなどのやり方を考えるべきではないでしょうか。

最後に大越さんに聞きたいのですが、バイデン氏の今回の中東訪問はどういう戦略だったのでしょうか。端からみると、なんの根回しもせずにサウジに行き、世界が注視するなかで袖にされたようにみえるのですが、実際は違うのでしょうか。もしくは表向きの成果をみるだけでは早計で、今後の中東戦略への重要な布石が打てたとみるべきでしょうか。

大越匡洋からの返信

桃井さん、こんにちは。まずは結論から。バイデン大統領のサウジアラビア訪問は失敗でした。私はそう思います。政策の中身ではありません。首脳外交という、政治家の振る舞いや印象が国内外の世論を動かす勝負の場でバイデン政権は敗北しました。「拳のひと突き」がすべてを台無しにしました。バイデン氏と、MBSと呼ばれるサウジのムハンマド皇太子が拳と拳をぶつけ合ってあいさつする「グータッチ（fist bump）」の映像を見ましたか。あれです。

本項の冒頭の写真にもあるように、サウジ西部ジッダの宮殿で出迎えた皇太子がすっと拳を差し出すと、バイデン氏は迷うそぶりをみせずにちょこんと自らの拳を合わせました。

ホワイトハウス特派員協会は「プール」と呼ばれる代表記者が毎日、大統領を追いかけ、その動静を逐一記録しています。それでも警備の関係などでどうしても大統領の移動に追いつけないことがあります。「グータッチ」の場面がそうでした。米側の記者は間に合わず、サウジ側が提供した映像が繰り返し流れました。

両者の親密ぶりを示しただけでなく、サウジの実権を握り、長期にわたる支配を固めつつある皇太子の権威を高める絶好の演出となりました。「主役」の皇太子を引き立たせる「脇役」として、世界最強の権力者である米大統領はベストの人選です。

桃井さんのいう通り、バイデン氏は人権問題で皇太子を厳しく非難してきました。サウジ人記者の殺害事件をめぐり、「サウジに代償を払わせる。のけ者（pariah）にする」と公言。皇太子の関与を示唆する米情報機関の報告書も公表しました。

冷え込んだ両国関係の氷を溶かすための今回の訪問でしたが、米国内では「グータッチ」におよんだバイデン氏に対して「言行不一致」「人権軽視」「弱腰」といった批判が巻き起こりました。批判は党派を問わず世論を覆っています。

「中国やロシアが取って代わるような空白を中東に生じさせない」。バイデン氏はサウジ訪問の意義をこう強調していました。その政治判断は正しいと思います。国際政治という現実のなかで相手の欠点に目をつぶり、国内世論の不満を抑え、大局的な観点から国益を追求することは大国の指導者として当然の責務でしょう。

結局のところ、今回のサウジ訪問を私が失敗とみる最大の理由は、サウジを自ら訪れ、皇太子の権威強化を手助けするほどの歩み寄りを見せた米国が何を得たのか、さっぱり分からないことにあります。中国やロシアの好きにはさせないという決意表明は立派です。しかし、今回の訪問の主な目的は誰が見ても、出口の見えないインフレの抑制という内政上の政治課題の突破口を外交に見いだそうとしたことでした。40％を下回る低支持率にあえぐバイデン政権が苦し紛れの一手を繰り出した印象はぬぐえません。しかも原油を増産するかどうかを決めるカードはサウジが握っています。その一点に関し、米国がサウジから主導権を奪うことはそもそも難しいわけです。それでもインフレ対策のために「何でもやる姿勢」を国内に訴えることができるとバイデン政権は踏んでいました。

それはいまだ皮算用にすぎません。サウジは共同声明に「持続的な経済成長に向けて世界の原油市場の均衡を支えることを約束する」という抽象的な文言を盛っただけです。石油輸出国機構（OPEC）にロシアなどを加えた「OPECプラス」が2022年8月初めの会合で一段の増産に動くとの期待がありますが、たとえそこで増産が決まっても、数週間前のバイデン氏の外交成果だと考える米国民がどれだけいるでしょうか。

もう一つの問題は、ホワイトハウスがなぜ大統領に「グータッチ」を許してしまったのかということです。バイデン政権の外交・安全保障チームは優秀な専門家をそろえています。ところが身体を張ってバイデン氏自身を支える軸となる存在が見当たりません。たとえばクレイン大統領首席補佐官の存在感はあまりに薄いです。

個々の優秀な頭脳が各分野で「正しい判断」を下しても、政権全体の最適解を必死に守る軸がなければ政策運営は方向感を失います。その結果、内部で自己完結したレトリックと、外部の目に映る行動はかけ離れていきます。今回も「握手さえしなければ問題ない」と、一般の感覚とずれた内輪の論理が素通りしたようにみえます。

少し前の記事に書きましたが、民主党内では高齢にかこつけてバイデン氏の2024年大統領選への再選不出馬を唱える声が勢いを増しています。11月に迫る中間選挙で民主党は劣勢です。中国やロシアと向き合ううえで、米国内部の不安が膨らんでいます。

バイデン政権は詰んだ。そんな印象を残した「グータッチ」でした。

（2022年7月21日）

［2022年9月1日］

米国

05

多数の正義か暴走か　米国「徳政令」と中国「1400対23」論

米大統領、1人1万ドルの学生ローン減免を表明（2022年8月）＝ロイター／アフロ

読者のみなさん、桃井さん、こんにちは。今回は米中の「数の論理」について考えてみます。

「トランプだけでなく、それを支える哲学全体が『半ばファシズム』のようだ」。2022年8月25日、バイデン米大統領はメリーランド州での集会に出席し、トランプ前大統領とその支持層を「ファシズム」という強い言葉で非難しました。民主主義の敵というわけです。11月8日の中間選挙に向けた集中遊説のキックオフとなりました。

その前日、バイデン政権が満を持して発表したのが「徳政令」、学生ローンの免除です。米国の学費はとにかく高い。米カレッジボードによると、2021～22年の私大の授業料は平均約3万8000ドル（約520万円）。公立でも州外の学生は平均約2万7000ドルかかります。

米国は「実力主義」をうたう学歴社会です。借金してでも高等教育を受け、将来の高収入につなげようとする流れがあります。2万ドル、3万ドルのローンを抱えて卒業するのもざらで、多くが「債務超過」状態で社会人となります。

バイデン政権の「徳政令」は連邦政府からの借り手1人当たり1万ドルの返済を免除する内容で、低所得層向け補助を受ける人の免除額は2万ドルとします。新型コロナウイルス禍での返済猶予も中間選挙をまたいで2022年12月末まで延長します。

選挙対策を意識したのは明らかでしょう。単身12万5000ドル（夫婦で計25万ドル）の所得制限を設けるものの、対象から外れるのは所得上位5％だけ。4300万人のローン返済額が減るとホワイトハウスがはじくように、「多くの人」を喜ばせる施策です。

反動は避けられません。ペンシルベニア大学によると、借金1万ドルの帳消しには約3000億ドルの財政負担がかかります。高い学費や借金を嫌って進学を諦めた人、すでに債務を自力で返した「多くの人」は「徳政令」のツケだけが回り、強い不公平感を抱きます。高学歴層は民主党支持が多いこともあり、米国内の議論は割れています。「債務残高は1万7000ドル。負担減は個人として歓迎だが、社会全体として公平なのか悩む。選挙対策だろうし」（バージニア州在住の大学4年生のアレックスさん）「約4万ドルのローンがあり、一息つくのは確か。ただ借金に抵抗があって大学進学を諦めた友人も多く、これが公平だとは思わない」（ニューヨーク在住の29歳男性）

周囲に感想を求めると、手放しで喜べない複雑な答えが返ってきました。さらに、与党である民主党の議員からも政権の決定に距離を置く声が聞こえてきます。「大学を手の届かないものにしている根本的な問題に対処していない」（ネバダ州のキャサリン・コルテス・マスト上院議員）、「一度限りの債務免除では根本的な解決にならない」（コロラド州のマイケル・ベネット上院議員）。いずれも共和党と接戦を演じる州の代表です。

米国の高等教育の価値が高いから学費も高いといえばそれまでですが、個人の努力と実力だけで手に入れられるものでしょうか。最近、日本で「学歴主義vs経験主義」の論争が燃え上がったようです。習い事や留学など「よい経験」を子供に積ませるにはお金がかかります。米国ではこうした「経験」も進学の際の評価につながります。

そもそも親に財力がなければ、子供が気づかぬうちにその選択肢は狭まっているわけです。格差の拡大や不平等の再生産、中間層の衰退の一因が教育制度にあるのは間違いありません。そこにメスを入れ、選挙で多数の支持を得たい政権の意向は分かります。しかし「徳政令」は政策として粗っぽさが否めません。

自由で公正な選挙を通じ、多数派の民意を政治の意思決定に反映させることは民主主義の基本です。これに対し、19世紀のトクヴィルは「米国で自由が失われるとすれば、多数による万能が少数を絶望に追いやる場合に違いない」と「多数の暴政」を危惧しました。

「権威主義に比べて民主主義の国は意思決定が遅い」との声をしばしば耳にしますが、米国の合衆国憲法は多元主義の理念に基づき、大統領や議会、司法、そして連邦政府と州政府が互いに牽制し合う権力分立を特徴とします。簡単に物事が決まることのないよう、意図的にブレーキを多めに設計された国家が米国だといえます。

さて、権威主義国家の代表格である中国はどうでしょう。中国流の「数の論理」をよく言い表しているセリフがあります。「14億人以上の中国人が統一を望んでいる」（秦剛・中国駐米大使）。台湾統一をめぐり、大陸側が繰り返す理屈です。

14億人の中国人民の世論なのだから、2300万人の台湾市民は従うのが当然――。「1400対23」という数の力で主張を押し通そうとする姿勢はとても民主的とはいえません。少数派の抑圧をいとわない「多数派主義」にほかならないでしょう。

桃井さん、いよいよ2022年10月16日に中国共産党大会ですね。直前にはネット上で「李上習不下」、つまり「李克強首相が党総書記に上がり、習氏は国家主席兼中央軍事委員会主席にとどまる」という、この時期にありがちな怪情報も流れていました。習氏は次の支配体制へ「多数」の支持を得られたのでしょうか。

桃井裕理からの返信

大越さん、こんにちは。

多数派か少数派か――。民主主義の永遠の課題だと思います。本来であれば「多数派が少数派に配慮した政治をする」。これが民主主義社会の前提になるはずです。しかし、現在の状況をみると、不当な我慢を強いられてきたと感じた多数派が不満を爆発させ「二度と少数派に配慮しない」と自らの権利の主張に走るようになりました。

人間にとってそうした不満が生まれるのはある意味、自然なことだと思います。だからこそ民主主義社会における指導者には「なぜ選挙に勝った側が我慢しなければならないのか」を人々が納得いくまで説明する覚悟が必要です。

バイデン米大統領の「徳政令」を受ける学生たちが今の米国社会のなかで多数派なのか少数派なのかはわかりませんが、ローンの減免を受けない人たちが不満に思うのは当然のことだと思います。だからこそバイデン氏は「なぜこの措置が必要なのか」について社会全体に訴えなければならないはずですが、そうした努力を尽くすこともなく「徳政令」で一定の層の歓心を買おうとしているのであれば、それはポピュリズム政治になってしまいます。

翻って中国はどうなのか。少数派の抑圧をいとわない社会であるのはまさに大越さんの指摘どおりです。しかし、その一方で実は「多数派主義」でもないかもしれません。

中国の政治においてその意思を反映できるのは中国共産党だけです。全人民は党の指導に従うことが前提です。政治的意思は認められていません。台湾問題をめぐり、秦剛・駐米中国大使は「14億人以上の中国人が統一を望んでいる」と言ったそうですが、恐らくそこには四捨五入された台湾市民2300万人も含まれていると思います。「統一を望んでいないのは一部のけしからん台湾独立分子だけ」。それが中国共産党の思考回路です。そして約1億人いる中国共産党員のうち、国家の方針に意思を反映できるのは、ほんの一握りの最高指導部や党長老、紅二代（革命二代）と呼ばれる党エリートたちだけです。

第20回中国共産党大会が2022年10月16日に開かれることが決まりました。ほぼ想定どおりの順調な開催であり、習近平党総書記の続投は健康問題でも起きない限り揺るぎないとみられています。ご指摘のように、海外などの華人社会を中心に李克強首相待望論が盛り上がっています。中国の現状を憂える人々の痛切な思いも反映されているのだと思いますが、残念ながら今の中国において政治と世論は別の次元にあります。

そして、異例の3期目に突入した習氏は個人崇拝を推進しながら毛沢東と並ぶ「人民の領袖」としての地位確立をめざすでしょう。すなわち「多数派」でも「少数派」でもなく、そして党でもなく、ただ1人の意思が14億人の行く末を決める国家がこの現代に出現する――、隣国にとってはリスクでしかない時代が到来しようとしています。

(2022年9月1日)

[2023年4月6日]

米国

06

「一つの中国」と「二つの法治」

台湾総統が中南米歴訪 経由地のロスで米下院議長と会談（2023年4月）=筆者撮影

読者のみなさん、桃井さん、こんにちは。

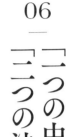

米カリフォルニア州シミバレーに来ています。台湾の蔡英文《ツァイ・インウェン》総統が2023年4月5日、中米歴訪から台湾に戻る際に「経由地」としてこの地を訪れ、共和党のマッカーシー下院議長が率いる超党派の米議員団と会談しました。

会談場所は「レーガン大統領図書館」です。シミバレーはロサンゼルスから車で1時間ほど。山々が谷を取り囲む美しい土地で、図書館はその谷を見下ろす丘の上にあります。町並みを一望できる現場は国内外の報道陣が詰めかけていました。

「台湾は孤立していない」。会談後、米国の党派を超えた支援姿勢に手応えを感じた蔡氏はこう話しました。マッカーシー氏は台湾支援は「ワン・ボイスだ」と断言し、「これほど我々の絆が強かったことはない」と話しました。

レーガン政権は1982年、台湾への武器売却について中国と事前協議しないことなどを定めた「6つの保証」を台湾に伝えました。いまも米台の安保協力の柱です。そのレーガン氏をたたえる地で会談し、米国が党派を超えて台湾支援に関与し続けると印象づけることを狙いました。

台湾総統の「米国通過」は1994年の李登輝氏以来、29回目。1995年の李氏の「私的訪問」を含めれば米国を訪れるのは30回と数えることもできます。決して珍しいとはいえない台湾総統の「米国通過」ですが、米国と中国の対立が先鋭化するいま、台湾を挟んで二分された世界の断層をひときわ実感する出来事となりました。

もちろん、中国は黙っていません。

「中米関係は『灰色のサイ』(高い確率で問題を引き起こすにもかかわらず軽視されがちなリスク)に直面している。『台湾問題』が押し寄せている」

在米中国大使館の徐学淵臨時代理大使は蔡氏の訪米直前、ワシントンの記者を集めて警告しました。「中米関係に深刻な対立をもたらす」「台湾問題は中米関係で越えてはならない第一のレッドラインだ」。こんな調子です。

米国は2018年に台湾旅行法を制定し、閣僚を含む高官の往来を促しています。2022年8月には当時のペロシ下院議長（民主党）が台湾を訪れ、蔡氏と会談。中国が猛反発し、台湾を取り囲む大規模な軍事演習で威嚇したことは記憶に新しいでしょう。中国が戦闘機を台湾海峡の事実上の停戦ライン「中間線」を越えて飛ばし、「新常態」を定着させる動きも強めています。

もともと、米中関係は微妙で曖昧な政治合意の上に成り立っています。米国は中国との国交樹立に伴って1979年に台湾と断交しました。当時の米中の力関係と冷戦という時代を映す形で合意を整えて以来、米中関係の基礎となり、同時に議論の的となっているのが「一つの中国」です。

中国は「中国本土と台湾は不可分の領土であり、台湾は中国の一部だ」という「一つの中国」原則を主張しています。一方、米国はそうした中国の主張を「認識」する「一つの中国」政策をとります。米国は中国の「原則」をうのみにしないものの、「そちらの言い分は理解している」との立場を対中外交の基本としているわけです。

蔡氏とマッカーシー氏の会談中も「ONE CHINA! TAIWAN IS PART OF CHINA!（一

つの中国、台湾は中国の一部)」と書かれた横断幕をたなびかせた小型飛行機が図書館の上空を旋回し続けていました。中国側の人たちがやっているのでしょう。

米国は繰り返し「一つの中国」政策を変えていないと説明していますが、中国は疑心暗鬼になっています。そんな大国同士の対立の一方で、台湾は自立した民主主義社会として実際に存在しています。安全保障上の重要性や半導体供給網の要であるといった「計算」を抜きにしても、台湾に暮らす2300万人の人々の現実は無視できません。

外交は言葉が武器です。単に弁舌爽やかであればいいということではありません。定義を突き詰め、どんな意味を込めて使うか。言葉の研ぎ澄まし方が問われます。

唐突ですが、問題です。以下の3つの発言、どれが誰のものか分かりますか。

①「自由、民主主義、人権、法の支配(rule of law)は危機にある」
②「法の支配(rule of law)の下にある国だ。その件は法にのっとって処理される」
③「法の支配(rule of law)は秩序ある公正な社会を確保するための原則であり、理想。法の上に立つ人はいない」

1番目は蔡氏、次は中国外務省報道官の発言です。③は米国法曹協会（ABA）のホームページにありました。「法の上に立つ人はいない」は現在、米大統領経験者として初めて起訴されたトランプ前大統領を非難する際の合言葉のようになっています。

いずれも「rule of law」を使っていますが、ここには「2つの法治」があります。私たち自由民主主義の世界でいう「法の支配」は専断的な権力の支配を排し、法によって権力の横暴を縛るという考え方です。だからこそ民主主義の共通の価値となります。

中国共産党が一党支配する中国は違います。よくいわれるように実態は「法による支配（rule by law）」です。毛沢東という独裁者の「人治」が起こした文化大革命という無法時代を経て、中国は「依法治国」にたどり着きました。権力を縛るための法ではないのです。

中国は「法治」の英訳にrule of lawを使いますし、日本人は漢字の「法治」を額面通り受け取りたくなります。ですが中国の政治や外交の場では、なぜその言葉がその文脈で使われているのか注意を払う必要があります。中国式の前提や定義を理解せずに字面をなぞるだけでは、中国が用意した土俵に乗せられてしまっているのと同じです。

言葉の選び方という意味で、習氏が2023年3月に発した表現がずっと気になっています。米国が主導する西側が「全面的な封じ込め、包囲、抑圧」を実施し、中国が「かつてない試練」に直面していると米国を名指しで非難しました。この世界観を理解することが中国と向き合い、米中関係の行方を考えるための大前提になると考えています。

桃井さん、「法治国家」である中国はアステラス製薬の現地法人の社員を拘束しました。中国の日本人社会、進出する日本企業はどう受け止めていますか。

桃井裕理からの返信

大越さん、こんにちは。

アステラス製薬に勤める邦人の方の拘束は中国の日本人社会に衝撃をもたらしました。中国が主張するような「スパイ」だなどとはとても考えられない、私たちと同じ企業駐在員が帰国直前に突然、自由を奪われたのです。一方で、今回のような事態への予感は前からありました。習近平政権下では「国家安全」が何よりも優先され、外国人に対する監視の目は日々、厳しさを増していたためです。

このような理不尽な事態があっても、多くの邦人は「気を付けながら粛々と仕事をする」しかありません。しかし、いったい何に気をつけるべきなのか。拘束理由についての中国政府からの説明もないなかで不安だけが広がっています。

大越さんが指摘したように、中国の「法治」は民主主義国家における「法の支配」とはまったく異なります。民主主義国家において法とは指導者をも支配下に置くものであり、「法の支配」の確立によって民主主義は前進しました。

しかし、それより前の人類の長い歴史において「法」とは支配者の意思を意味しました。そして、中国はそうした「法治」の先進地域でもありました。たとえば、秦の始皇帝は紀元前にすでに法の整備によって人民を統治し、法の強制力で富国強兵を推し進めることで強大な帝国を築きました。

そうした「中国式法治」の強制力は今、国境を越えて日本にも影響を及ぼしています。2023年4月1～2日の林芳正外相の訪中時、李強首相や外交トップの王毅中央政治局員、秦剛外相らは会談で、繰り返し半導体やサプライチェーンの問題を提起し、日本が米国に従うべきではないという考えを強調しました。秦氏は「悪人の手先になるな」という言い回しも使って日本に警告を発しました。

今の日本にとって拘束された邦人の早期釈放は何よりも重要な課題です。とはいえ、その問題と引き換えに半導体製造装置の対中輸出規制を撤廃するなどの取引をするわけにはいきません。しかし、別の重要な問題では譲歩を余儀なくされました。沖縄県の尖閣諸島をめぐる問題です。

尖閣諸島周辺では2023年3月30日から4月2日の夜まで80時間以上にわたって中国海警局の船が領海侵入を続けました。まさに日本の外相が訪中しているさなかに、中国は2012年に日本が尖閣諸島を国有化して以降もっとも長い領海侵入をやってのけたのです。外交儀礼からはずれた非常識な行為としかいいようがありません。

外務省の発表によると、林氏は王毅氏や秦剛氏との会談で「尖閣諸島を巡る情勢を含む東シナ海情勢」について「深刻な懸念を伝達」しました。林氏は記者会見でも「私から尖閣諸島を巡る情勢を含む東シナ海、ロシアとの連携を含む中国の我が国周辺での軍事活動の活発化等について深刻な懸念を改めて表明した」と説明しました。

もちろん林氏は一連の会談では領海侵入について強く抗議したと思われます。しかし、本来ならば「日本の外相の訪中時に領海侵入する」という中国の異常な行動に対し、国際社会に向かって具体的に中国の行為を挙げたうえで「領海侵入を許さない」という怒りを明確に主張するべきでした。外相がその場で強烈な抗議をアピールしなかったことは、中国にとっては既成事実を少しずつ残す「サラミ戦略」の成功体験となったといえます。

もちろん今は拘束された邦人の安全と早期釈放が何よりも優先されるべきです。残念ながら日本は完全に中国の「人質外交」に翻弄されています。相手が「中国式統治」によってこのようなカードを切ってくる以上、日本もあくまで「法の支配」に基づきつつ、中国に同等の対抗カードを切っていくための体制を固めていかざるを得ないのではないでしょうか。

（2023年4月6日）

第2章

中国内政：習近平、長期政権の行方

AFTER 2024

USA vs. CHINA

[2022年10月13日]

中国

01

「プロファイリング」から見る習氏3期目政権の方向性

梁家河村の「ヤオドン」と呼ばれる洞窟式の住居(2021年)=筆者撮影

読者のみなさん、大越さん、こんにちは。第20回中国共産党大会が2022年10月16日に開幕します。その議題などを話し合う第19期中央委員会第7回全体会議(7中全会)が12日に終わりました。習近平《シー・ジンピン》党総書記(国家主席)の3期目就任への環境は整ったとみられます。

直前の10月1~7日は国慶節の大型休暇だったため、北京の天安門広場は連日、人であふれかえっていました。広場の真ん中には「第20回党大会を喜んで迎えます」と書かれた巨大な花かごが置かれ、人々は強制されたわけでもないのに手に手に小さな国旗を持ちながら広場に入るための長い行列に並んでいました。

こうした光景をみると、庶民への「愛国愛党」の浸透ぶりを思い知らされます。外国人からみると「ゼロコロナ政策や未完成のマンション問題で人民の不満が爆発」し「富裕層は海外に脱出」しているといった側面に目が行き「全人民は共産党の圧政に苦しみ、嫌々従っている」と受け止めたくなります。しかし、家父長制の根付いた中国では大多数の庶民にとって党はなお無意識下に刻まれた「従うべき家父長」なのです。そして「日々のごはん」をきちんと食べられている限り、抑圧的な統治への抵抗感はかなり低いと感じられます。

さて、今回の党大会では習氏の3期目就任に加え、党の憲法にあたる「党規約」の改正も重要なテーマです。焦点の1つは「2つの確立」の明記です。党の核心としての習氏の地位と「習近平による新時代の中国の特色ある社会主義」思想の指導的地位の確立を指し、習氏の権威が一段と高まることを意味します。習氏の思想を「毛沢東思想」と並ぶ「習近平思想」に改名する改正も取り沙汰されています。

習氏への権力の一極集中と個人崇拝が加速するならば、習氏の人物像についての洞察はこれまで以上に重要となってきます。習氏は2021年に「共同富裕」やIT企業への締め付けなど社会主義色の強い政策を相次ぎ打ち出しました。「党大会前の権力闘争」や「独自色のアピール」などの見方もありましたが、こうした方針が一時的なものか継続的なものかも気になります。

そこで習氏の思考パターンを推し量るため、若い頃の足跡や言動を振り返ってみました。習氏の思想形成にもっとも強い影響を与えたのは15歳からの7年間を過ごした陝西省延安市梁家河村での生活です。文化大革命時代、知識青年が農村に向かった「上山下郷」運動に習氏も加わりましたが、7年という期間は群を抜いて長いものでした。父親の習仲勲氏が反動分子として迫害されていた状況もあるとみられます。

延安市というのは黄河高原にある厳しい土地で、乾いた山々に刻まれた谷に街や集落が点在しています。伝統的な住居は「ヤオドン」と呼ばれる洞窟式の住居です。

2021年にこの梁家河村を訪れました。この項の冒頭にある写真にもあるとおり、やはり谷間にある小さな村で、習氏の住居も崖に掘られたヤオドンでした。薄暗いヤオドンから外に出ても、目に入るのは黄色い崖と小さな青空だけ――。思春期の7年間をこの狭い世界だけをみて過ごすのは気持ちがふさがりそうです。普通であれば自分の青春を奪い、父親を迫害させた毛沢東への恨みが募りそうですが、習氏は違いました。むしろ毛沢東への傾倒を強めたのです。

習氏は村人と共に働き、村に貢献し、党に加わり、最後は村の大隊の党支部書記にまでなりました。梁家河村には習氏が作ったという井戸が今も残っています。

「習氏は毛沢東をまねて権威を利用しようとしている」との見方もありますが、村の景色をみていると、むしろ「習氏は心の底から毛沢東思想を信仰し、毛の理想を現代に実現しようとしているのではないか」と思えてきます。新華社がまとめた習氏の発言にははっきりとその傾向がみてとれます。

「延安は私の人生の出発点だ」（2004年）「農村の基層で働いた経験は私の人生の座標軸だ。この経験（延安での生活）を通じて私ははっきりと大衆とは何であり、いかに大衆を尊重するか、そして『実事求是』が何であり、いかに事実を尊重するかを知った」（2008年）「陝西は根、延安は魂だ」（2008年）

毛沢東思想とは「実事求是」や「大衆路線（農民や民衆のなかに入り込み民衆と共に行動する）」「自主独立、自力更生（外部に依存しない経済や外交）」などを柱としています。その思想は今も習氏の「座標軸」なのです。

もう1つの時代を振り返ってみたいと思います。習氏が30～40代にかけての17年間を過ごした福建省時代です。アモイという経済の先進地域や寧徳という貧困地域で働き、台湾海峡に面した軍区を守る軍人らとの交流も深めました。延安が習氏の思想の原点なら、福建は政治の原点ではないでしょうか。

その頃、習氏が書いた文章を見てみたいと思います。当時は鄧小平氏が実権を握り「改革開放」は重要な党方針でしたが、習氏は1989年12月に寧徳でまとめた文章でこう指摘しています。

「社会主義商品経済（市場経済）の発展で精神文明も自然に発展するわけではない。商品経済には固有のマイナス面がある。資産階級の極端な利己主義的価値観により人々の魂は毒される。社会主義商品経済を発展させる際には、同時に思想政治工作を強化し、社会主義精神や道徳的素質の修養を強化することを決して忘れてはならない」

習氏が2012年に党総書記に就いた際「対外開放に理解のある開明的なリーダー」とのイメージがありました。アモイ市や浙江省など開放的な地での経験が長かったためです。しかし、習氏は福建時代にすでに「市場経済の裏では統制強化や思想工作が欠かせない」という考えを持っていたのです。

ほかにも習氏の足跡を振り返ると、様々な面で早い段階から党の統治の絶対性について確固たる考えをもっていたことが推測できます。習氏にとって党総書記就任以来の10年間は、弱っていた党の統治力を再強化し「党の指導の一元化」を図る準備期間でした。そして「党すなわち習氏」であるように党の形を変えてきました。

その10年を経て、習氏はようやく理想の政治を展開できるスタートラインに立ったといえます。

そう考えると、3期目政権はやはりさらに社会主義色の強い社会建設へとカジを切るのではないでしょうか。たとえば、今じわりと進められている「大学生の農村への就業奨励」や「職業学校の振興」といった政策も単なる雇用対策ではなく「実事求是」「大衆路線」の発露であり、想像以上に習氏にとって重要な政策かもしれません。「共同富裕」も党は長期を見据えた最重要政策と強調しています。習氏が「自主独立、自力更生」を貫くなら、たとえ経済に影響があっても対外政策での妥協はあり得ないでしょう。

人々の行動や心の自由はますます縛られる方向にあります。最近は住民が住民を監視する自衛組織や通報・密告が盛んに奨励されています。一部の地方は新型コロナ対策を理由に十戸程度の住民同士で連帯責任を負う「十戸長」という制度を導入しました。習氏は最近よく「革命」という言葉に言及します。この21世紀にマルクス主義による革命を改めて起こそうとしているのかもしれないとさえ思えてきます。

習氏の権力がますます強まれば世界のリスクも高まります。対峙する側も政治基盤の強いリーダーが望ましいと思われます。大越さん、米国の中間選挙に向けた情勢はどうなっていますでしょうか。

大越匡洋からの返信

桃井さん、こんにちは。昔を思い出しました。

「わかりやすいなあ」――。10年前の2012年11月15日、北京に駐在していた私は、歴史的な場面にもかかわらず、こんな素朴な感想を抱きました。第18回中国共産党大会の閉幕後、総書記に選出された習近平氏の第一声を聞いたときのことです。

習氏は滑らかな北京語を話します。マンダリンと呼ばれる「普通話」は北京語の発音がベースで、日本の標準語と東京弁のような関係です。江沢民氏や胡錦濤氏ら歴代指導者はなまりがきつかったので、北京なまりというだけで妙な感動を覚えました。

「中華民族の偉大な復興」という習氏の目標もこの第一声で明確にしました。こうした中国流の政治用語を読み解く以前に、北京なまりの言葉そのものに、中国共産党の申し子としての習氏の人生が集約されていると私は思います。

習氏は中国建国後に北京で生まれました。党の八大元老の一人を父に持つからです。高級幹部の子弟が集う「八一学校」で中学まで学びましたが、桃井さんが書かれているように文化大革命で父は迫害され、習氏は陝西省に「下放」されました。

この「知識青年」のレッテルも習氏を理解するうえで重要な要素でしょう。陝西省での7年間が習氏の思想人格の背骨となっているという桃井さんの分析には同感です。権力闘争の非情さを痛感するなか、我こそが党の正統を引き継ぐ申し子だとの自負が純粋培養されたように思います。ある意味、個人的な野心からは遠いものの、「倍返し」をめざす人生観が共産党体制の再建という政治目標に純化されたと感じます。

この「純粋さ」が米中対立の根っこにあります。オーストラリアの元首相、ケビン・ラッド氏が指摘するように、習氏の台頭は中国共産党の「イデオロギー・マンの復活」でした。「中国の民主化」という米国の幻想は雲散霧消したのです。

バイデン大統領とその政権は、今後10年を賭けて競う相手として外では習氏、内ではトランプ前大統領を想定しています。バイデン氏もある種のイデオローグかもしれません。「民主主義を守る」「米国の魂をかけて戦い続ける」と訴え続けています。

2022年11月8日に迫る中間選挙は大接戦です。民主党と共和党のどちらに勝利が転がり込むか見通しにくくなるなか、バイデン氏はトランプ氏とその信奉者を「敵」と明確に位置づけました。自身の実績評価だけに注目が集まるのを避ける選挙戦術ですが、暴力を容認するようなトランプ氏を許せないというバイデン氏の感情は本物でしょう。

バイデン氏は２０２２年11月20日に80歳となります。70代最後の１週間に東南アジアで一連の国際会議があり、バイデン氏は習氏との対面での首脳会談に臨む可能性があります。

バイデン政権は10月12日に公表した「国家安全保障戦略」で、中国を「経済力、外交力、軍事力、技術力を併せ持つ唯一の競争相手」「最も重大な地政学的な挑戦」と定義しました。次の10年の大競争をにらみ、２人がどんな言葉を交わすのか。一語一語ににじむ本音を少しでも感じ取ることができたらよいのですが。

（２０２２年10月13日）

［2023年1月12日］

中国

中国共産党歴史展覧館（2021年11月）＝ロイター/アフロ

02 中国は鎖国に向かうのか 習氏の「安全第二」が招く危険

読者のみなさん、大越さん、こんにちは。

中国では年始から不穏な動きが相次いでいます。中国政府は2023年1月10日、中国に行く日本人へのビザ（査証）の新規発給を停止すると発表しました。商用を含むほぼすべてのビザが対象です。日本の水際対策への対抗らしいですが、中国側にとってもまったく見合わない措置だと思います。中国ではゼロコロナ政策がやっと終わり、経済再起動への期待は高まっています。対中投資の呼び戻しに冷や水を浴びせるような政策に何の利点

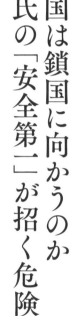

もありません。

いま、何よりも優先すべきなのは経済や人々の生活のはず。ゼロコロナの時でさえ、表向きには「今は経済より人の命が大事」というそれなりの優先順位がありました。今回の措置はいったい何が優先なのでしょうか？　中国人が大事にするメンツなのかもしれませんが、かえって国家のメンツを損ねているような気がしてなりません。

さて、最近、中国では人々を驚かす人事が発表されました。中国最大の政府系シンクタンクである中国社会科学院の院長ポストです。中国では閣僚級の要職ですが、そこに「中国歴史研究院」の院長である高翔氏が就任しました。この歴史研究院は、歴史を重視する習近平政権のもと、2019年に社会科学院傘下に新設されたもので、設立時には習氏がお祝いのメッセージを寄せました（この項の冒頭の写真は習氏が歴史教育のために北京市内に建設した中国共産党歴史展覧館）。

なぜ人々が驚いたかといえば、2022年8月、歴史研究院の論文が激しい論争を巻き起こした事件があったためです。論文のタイトルは「明清時期の閉関・鎖国政策の再考」です。中国ではもともと「明や清の鎖国は後進的で国の発展を遅らせた政策だった」という評価が一般的ですが、同論文は「領土や文化を守るための戦略的な『自主的・限定的鎖国』であり、国の開放の仕方は国家主権の問題である」として必ずしも悪いものではないと読める「再評価」を提起しました。そして、同院の機関誌「歴史研究」の巻頭を飾った後、党メディアのサイトで公開されました。

中国ではこうした論文は単なる論文ではありません。文化大革命が京劇を批判する論文から始まったように、内容が突飛であればあるほど、人々は政治運動や粛清への号砲ではないかと疑います。この論文も「習政権は鎖国政策を検討しているのではないか」との疑念を呼び起こしました。当然ながら、ネットは反発や怒りの声であふれ、歴史研究院も顰蹙を買いました。

論文は匿名でしたが、高院長が執筆、もしくは監修したとの見方が大勢です。高氏の専門は明・清史であるためです。ただ、その後は特に動きもなかったため、議論は下火になっていました。高氏の人事が発表されたのはそんなタイミングだったのです。

社会科学院は傘下に40近い研究機関を抱え、中国の様々な政策への提言機能を果たしています。歴代の院長は法律や経済、マルクス主義の学者や政治経験者が顔をそろえていま す。高氏のように明や清の歴史が専門というのは異例中の異例です。そもそも世間からあれほど批判された論文の責任者ならば、左遷されてもおかしくありません。

「やはりあの論文は習氏の意向を受けて書いたものではないだろうか」。大抜擢人事には再び疑念が広がりました。この現代に「鎖国」など普通はあり得ない話です。しかし、簡単には笑い飛ばせないのが今の中国の現状です。

人々にそんな懸念を抱かせてしまう一因に、習政権が垣間見せる「恐怖」と「過剰防衛」があります。

習氏の側近中の側近である王小洪公安相が2023年1月8日の全国公安庁局長会議で、公安幹部らにこう要求しました。

「政治の安全、社会の安定、公共安全を護るシステムを完璧に構築し、国家政権の安全、制度の安全、イデオロギーの安全を護り、経済社会分野の各種のリスクを防ぎ、高度に平穏な中国の建設を推進せよ」

2022年の趙克志・前公安相との違いは、真っ先に「政治の安全」を提起している点です。さらに、趙氏の要求には「犯罪を厳しく取り締まる」との文言がありましたが、2023年は少なくとも報道発表からは消えていました。習政権の擁護という重要任務を優先するあまり、一般犯罪の取り締まりなどはどこかに行ってしまったのかもしれません。

年末には、反スパイ法の改正案を巡るパブリックコメントの募集が始まりました。2014年の施行以来、初の改正です。最大の変化は、スパイ行為の対象がより広くあいまいになった点です。従来は「国家機密」に関する情報やモノの収集・提供などが対象でしたが、草案では「国家安全や利益」に関わるものに拡大されました。そもそも「国家安全」

という概念自体、何を指すのか明確ではありません。スパイ取り締まりの恣意性がこれまで以上に拡大する恐れがあります。

習政権3期目の人事を巡っては、目立たぬところで気になる事態も進んでいます。

中国共産党の重要組織に中央書記処があります。人事やプロパガンダ、統一戦線など党の実務を担います。中央政治局常務委員会が企業の取締役会とすれば、中央書記処は執行役員会のようなものです。そして、3期目政権では、7人の中央書記処書記のうち3人が国家安全省や公安省の出身者でした。組織のバランスに鑑みれば、驚くべき偏り方です。

なかでも注目すべきは、前国家安全相の陳文清氏の出世ぶりです。

国家安全省とは、スパイの取り締まりや国内外の情報収集を担う秘密警察や情報機関のような存在です。陳文清氏は国家安全畑の人間として初めて、中央政治局員となり、中央書記処書記にも抜てきされ、警察・司法組織のトップに立つ中央政法委員会書記になりました。習政権がいかに「国家安全ファースト」であるかが伝わります。

2022年11月には、ゼロコロナ政策に反発して全国各地で「白紙」を掲げた抗議活動が広がりました。政府がゼロコロナ政策を全面的に見直したため、海外では中国で民主化が進み始めたとの見方もあるようです。しかし、実際は逆ではないでしょうか。「白紙革命」が習氏を驚かせたのは事実だと思います。ただ、その衝撃は民主化の進展ではなく、むしろ民主化の後退をもたらす可能性があります。

同年11月末、中央政法委員会書記に就いたばかりの陳文清氏は全体会議でこう宣言しました。「敵対勢力の浸透や破壊活動を打破し、社会秩序を攪乱《かくらん》する違法犯罪行為を打破しなければならない」。習政権は「白紙革命」のような動きを「米国などが体制打破に向けて仕掛けたカラー革命の一環」と確信しています。「敵対勢力の浸透」をみすみす許してしまったことへの衝撃は大きく、後から振り返れば、習政権の監視と統制がさらに加速するきっかけとなるかもしれません。

強まる一方の習氏の「安全」への執念と恐怖――、その延長線上に「鎖国」への懸念はあります。自分でも突拍子もないことを言っている自覚はありますが、こんなおかしな考えを抱いてしまうほど習政権の先行きは読みづらいです。

大越さん、2022年末、米国務省が「チャイナ・ハウス」という組織を発足させました。「対中戦略の要」と聞き、どのような組織か興味津々です。詳細はこれから固まるのかもしれませんが、ワシントンでの見方などを教えていただけないでしょうか？

大越匡洋からの返信

桃井さん、こんにちは。さて、ご質問の「チャイナ・ハウス」。米国務省が2022年12月に立ち上げた組織ですが、正式には「中国調整室」という地味な名前です。

米国が「唯一の競争相手」とみなす中国に打ち勝とうとすれば、縦割りの一部署に責任を負わせるのは限界があります。外交、安全保障、経済まで横串を通し、米国の総力を結集して臨むための総司令部が要る――。そんな発想が出発点です。

国務省の中国担当は従来、東アジア・太平洋局内の「チャイナ・デスク」でした。モンゴルもまとめて担当していましたが、国務省の知人に聞くと、モンゴル担当は韓国担当と一緒にしたそうです。「チャイナ・ハウス」では中国・台湾政策を担うリック・ウォーターズ国務次官補代理が「コーディネーター」という統括役を務めます。

組織上は東アジア・太平洋局内にありますが、シャーマン副長官とクリテンブリンク国務次官補（東アジア・太平洋担当）の直接の指揮下にあります。組織を横断する司令塔機能を高めるため、アジア地域以外の担当部局や国務省以外の省庁の人材、海外の資源も集中投入できるようにした点に特徴があります。

国防総省からはすでに人材が派遣され、財務省や商務省などからの受け入れも検討しているとのこと。「デスク」で20人程度だった人員は「ハウス」では60～70人相当に増強されます。さらにアフリカや中南米など世界各地の米国大使館に散らばる中国専門家を傘下に各地域での中国の動きをつぶさに把握することをめざします。

「チャイナ・ハウス」内は①米中の2国間問題②世界各地での課題③戦略コミュニケーション――の3つのユニットに分かれます。「戦略コミュニケーション」は外部のシンクタンクや専門家、さらには議会との対話も密にし、民主主義や人権といった価値観にまでおよぶ対中政策を国内外で戦略的に発信することを狙っています。

桃井さん、何か思い浮かびませんか。私は中国共産党の「統一戦線工作」を思い起こしました。党員に加え、党外の知識人やメディアなど様々な勢力も巻き込んで協力態勢（統一戦線）を敷き、敵を孤立させる取り組みのことです。習近平国家主席はその海外展開を重視し、欧米情報機関は中国による世論工作とみて警戒しています。

中国との外交戦の司令塔創設はブリンケン国務長官が主導しました。それに先んじ、21年10月に動いたのは米中央情報局（CIA）でした。人材や情報、技術、資金を重点投入するために「中国ミッションセンター」を立ち上げたのです。中国との戦略的競争に資源を集中させる考え方はバイデン政権に共通する発想といえます。

「2010年ごろ、中国当局によって中国国内のCIA協力者が相次いで排除され、CIAの対中情報収集能力は壊滅的な打撃を受けた」。米情報機関の元職員はこう解説します。CIAの元工作員が裏切り、中国に情報を売り渡したためでした。米国は対中情報網を再建するだけでなく、かつてより抜本的に強化しようと動いています。

「チャイナ・ハウス」は確かに対中戦略の要ですが、米国は国を挙げて対中競争に臨む構えです。新議長指名で15回も投票を繰り返した米連邦議会下院は2023年1月10日、中国問題を集中討議する「中国特別委員会」の新設を365対65の圧倒的な賛成多数で決めました。対中競争が数少ない超党派のテーマであることは2023年も変わりありません。

（2023年1月12日）

［2023年5月25日］

中国

中国中央テレビのニュース画面。丸でかこった人物が李強首相（2023年5月）

03 加速する習近平氏の「神格化」と忖度が招く大躍進

読者のみなさん、大越さん、こんにちは。

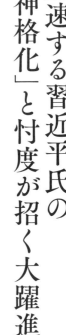

先週から今週にかけては世界の外交ウィークでした。大越さんは主要7カ国首脳会議（G7広島サミット）の取材に参加したのですよね。ぜひ現地ならではの話を聞かせてください。

私は2023年5月18～19日、かつての唐の都だった中国・西安市に出張し、広島サミットと同時期に開かれた「中国＋中央アジア5カ国」首脳会議を取材してきました。会議自体は想定の範囲内でしたが、想定外だったのは「ド派手」な演出です。唐の街を模した観光施設「大唐芙蓉園」の巨大宮殿、首脳らを前に舞う唐服の踊り子たち――。「大唐帝国の繁栄もかくや」と思わせる歓迎式典には驚かされました。

5月19日の共同記者会見の現場では、本筋ではないですが、とても気になったことがありました。会見は昼ごろの開始が予定されていたため、私たちメディアは午前9時には会場に入り、首脳らの登場を待っていました。

ひな壇の6カ国首脳の席にはあらかじめマイクや湯飲み、通訳用のイヤホンなどがセットされていたのですが、会見時間が近づくと、ちょっとした変化がありました。男性係員が現れ、習氏の席のテーブルや椅子を念入りにふき始めたのです。おそらく習氏の着席直前にあらゆるウイルスや各種のバイ菌を除去するためでしょう。さらに、女性係員が湯飲みを何度か差し替えていました。習氏がいつ到着しても適温のお茶を提供するためだと思われます。

こうした光景自体は珍しいものではありません。全国人民代表大会や中国共産党大会の開幕式や閉幕式が人民大会堂で開かれる際、直前に習氏の席だけふき掃除したり、特別なお茶の提供の仕方をしたりするのは見慣れています。しかし、今回は身内の会議ではありません。各国首脳を招いた国際会議です。しかも、中国はいつも諸外国との「対等の立場」

を力説しています。そうであるならば、やはりここは6人の首脳全員に同じサービスをするべきではないでしょうか……。中国の意外な「省力化」には驚かされました。

さて、今日は習氏の3期目政権がスタートして以降、中国社会で目立ち始めた変化について報告したいと思います。

その一つは習氏の「神格化」ともいうべき動きです。2期目の段階から習氏への個人崇拝はすでに話題になっていましたが、さらにレベルアップしています。

一つの現象として、習氏が使ったモノまでが特別視されるようになりました。たとえば、ある代表的な中国共産党の革命聖地の記念館を訪れた時のことです。入場すると「ご当地」の歴史よりも先に展示されていたのは、中国共産党史にまつわる習氏の様々な発言と、それに関係するそれぞれの革命聖地で習氏が使ったとされる品々でした。たとえば、博物館のナレーションを聞くためのイヤホンや農村でついたきね、使用済み食器、展示をみるための拡大鏡、その場で購入したお土産物などです。なかには「習氏がじっくり眺めたカップ」などというものもありました。各地でこのようなものが保存されていることも驚きですが、現役指導者でありながらこのような展示がされることにも驚きました。

インターネット上でも他の博物館や記念館などで「習氏が汗をふいたタオル」といった展示の報告をみかけたことがあります。この域にくると、アイドルのようですね。今後、習氏が地方視察をするたびにこうした品々が増えていくのでしょうか。

さらに、習氏をたたえる言葉もバージョンアップしました。特に指導部メンバーの競争が目立ちます。

最高指導部である中央政治局常務委員で中央書記処筆頭書記の蔡奇氏は2023年5月22日に開いた「習近平著作選読」という書籍の出版座談会でこう述べました。

「『習近平著作選読』（一巻・二巻）の編集・出版は党中央委員会の重大な決定であり、党と国家の政治生活における重大な出来事であり、同書の学習は『習近平の新時代における中国の特色ある社会主義思想』を心に刻み魂に込める重大な政治任務とみなすべきである」「徹底的なテーマ教育を実施し『習近平の新時代における中国の特色ある社会主義思想』を頭と心と魂に入れ込まなければならない」

一方、同じく中央政治局常務委員で中央規律検査委員会書記の李希氏は同年5月19日、習氏がかつて17年半勤務した特別な場所である福建省を視察し、こう語りました。「『習近平の新時代における中国の特色ある社会主義思想』を敬意を持ち、愛情を持ち、信仰を抱き、使命と責任をもって学ばなければならない」

李希氏は他の側近とは異なり、習氏と共に働いた経験がありません。しかし、習氏が下放された陝西省延安市の党委書記を務めたことをきっかけに習氏との関係を構築し、お気に入りの筆頭にのぼり詰めた凄腕の側近です。

さらに、2023年5月には「国家主席の地方視察に首相がお供をする」という新現象が出現しました。

習氏は5月10日、習氏肝いりで建設する「1000年の都」と呼ばれる新都心、河北省雄安新区を視察しました。そこに李強《リー・チャン》首相が同行したのです。少なくとも江沢民時代や胡錦涛時代には災害など特別の事情がない限り、地方視察に国家主席と首相が同行した事例はないといわれています。国家主席と首相は役割がそれぞれ異なるためです。中国中央テレビ（CCTV）の報道はあくまで「習氏の視察」を報じるものでしたが、そのニュース映像のなか、居並ぶ同行人員に混じって李強氏もさりげなく映っていました（本項の冒頭の写真はCCTVのニュース画面。丸くかこった人物が李強首相）

リーダーの強力な地位はトップダウン政治にはプラスに働きます。一方で、トップには「良い情報」しか入らず、正しい意思決定が難しくなるリスクは前々から指摘されていました。最近、そんな事態を心配させるような現象が中国国内で起きています。全国各地で一斉に広がった「林を退け耕地に還そう（退林還耕）」運動です。

これは1990年代から中国が実施してきた環境保護政策「耕地を退け林に還そう（退耕還林）」運動の逆回しバージョンです。一部では以前から始まっていたのですが、一気に話題になったきっかけは、2023年2月に出された「中央1号文件」です。農業政策を巡り毎年最初に出される党・政府の重要通知でした。

2023年の通知は、全国の各省（自治区、中央直轄市）に穀物生産増強のノルマを課すとともに、こう定めました。「耕作放棄地の利用を増やし、耕作地の用途の監視を強化する」。続いて同年3月には習氏が党の理論誌「求是」の論文を通じ「食糧安全保障の主導権をしっかり握ってこそ強国復興の主導権を握ることが可能となる」と号令をかけました。

これが意味すること。すなわち2023年の党の「ミッション」は穀物増産なのです。そこから「林を退け耕地に還そう」運動が過熱しました。ネット上には険しい高山の頂上まで効率の悪そうな細い畝がびっしりと連なる映像や写真、果樹園を伐採し穀物畑に転換する映像などが次々と投稿されました。党・政府の「通知」に従い、農村監視員が農民を厳しく監視しているとの指摘もありました。「森林の保水能力が失われれば渇水や洪水の恐れが高まる」。都市部の市民からは当然の懸念の声もあがっています。

それにしても、このような極端な政策は本当に習氏が意図するものなのでしょうか。確かに習氏は「食糧サプライチェーンの確保」をめざしています。一方で、緑化政策は習氏の看板政策でもあります。習政権は長い年月と資金をかけ、中国の広大な乾燥地域に緑地を広げてきました。「緑水青山は金の山であり銀の山である」。これは習氏の口癖です。その習氏が「『退林』をしろ」というのは考えづらいです。

中国で悲惨な状態を招いた「ゼロコロナ政策」も末端に行くほど手段が目的化し「ゼロコロナを守るために人々の命を犠牲にする」といった本末転倒の事態も多発しました。国土を損ない、食糧生産のバランスを欠いてでも進む「林を退け耕地に還そう」運動――。これも巨大な官僚機構の忖度《そんたく》が重なった結果かもしれません。だからこそ、この動きはもしかしたら現代の新たな「大躍進政策」の始まりではないかとの不安が尽きません。

さて、中国がこのように大きく振れやすい体質を持っていることは世界にとっても大きな不安材料です。G7に中国は参加しませんでしたが、中国問題は最重要課題だったと思います。大越さん、広島における「不在の中国の存在感」はどうでしたか?

大越匡洋からの返信

桃井さん、こんにちは。主要7カ国首脳会議(G7サミット)の取材で訪れた広島からワシントンに帰る途上でこれを書いています。広島G7の主役は、電撃的な来日で現地に現れたウクライナのゼレンスキー大統領でした。

　日本だけでなく世界中から集まった記者が彼の一挙一動を追いかけました。ゼレンスキー氏がインドのモディ首相、韓国の尹錫悦《ユン・ソンニョル》大統領に挟まれて座り、G7首脳らと議論を始めたとき、リアルな外交の迫力に感動すら覚えました。

　では中国問題は脇に追いやられたのでしょうか。まったく違います。ゼレンスキー氏の登場により、中国をめぐるG7の問題意識、少なくとも日米が抱いてきた危機感はよりくっきりと浮かび上がり、欧州と共有することができたと思います。

　ゼレンスキー氏が広島に到着する直前に前倒しで公表されたG7の首脳宣言。そのパラグラフ51、52に詳述された中国に対する基本方針のキーワードは「デカップリング（分離）」ではなく、「デリスキング（脱リスク）と多様化」です。

　2023年5月11日の配信で私はイエレン財務長官とサリバン大統領補佐官の対中戦略演説を取り上げました。首脳宣言と2人の演説の内容は完全に重なります。そのときも触れましたが、「デリスキング」という言葉を先に使ったのは欧州連合（EU）のフォンデアライエン欧州委員長です。G7の対中戦略は念入りに調整されたものでした。

　対中戦略をめぐり、サリバン氏のいう「新しいコンセンサス」、バイデン大統領の表現では「共有された原則」が日米欧の中核であるG7で共有されたといえます。

ウクライナの支援継続を欧州ではなくアジア、しかも原爆の被爆地である日本の広島に首脳が集って誓う。その意義は非常に大きなものです。欧州とアジアは二者択一ではなく深くつながっている、どこの地域であれ力や威嚇による一方的な現状変更は許さない、そんな明確なメッセージを発しました。

欧州をインド太平洋地域の問題にしっかり関与させるためには、日本も欧州の問題に目を向け続けなければなりません。最近は中国の巧みな外交戦で、米国に単純に追随したくないというフランスのマクロン大統領の「本音」も漏れました。

G7直前の5月16、17日には中国の李輝ユーラシア事務特別代表がウクライナを訪れ、「仲裁者」として振る舞い始めています。支援疲れもささやかれるこの時期にゼレンスキー氏が世界に向けて広島から支援を訴える。そのインパクトは計り知れません。

米国は中国との対立が制御不能になり、不測の衝突を招くことは望んでいません。とはいえ、いくら「デカップルではなくデリスク」と修辞を重ねても、米中が21世紀の覇権をかけて争う構図は変わらないでしょう。

バイデン氏はG7閉幕後の記者会見で、対中関係について「近く雪解けがあるだろう」と楽観的な見方を示しました。確かに閣僚級や高官の対話は再開するでしょう。

約5カ月間、空席だった駐米中国大使にも外務次官の謝鋒氏が2023年5月23日、着任しました。しかし「雪解け」とまでいえるのでしょうか。浮かれるのはまだ早い気がします。

中国はG7首脳宣言にいち早く反発し、詳細な反論を発信しました。中国にとって、G7首脳宣言が痛いところを突く内容になっている何よりの証拠でしょう。バイデン氏の記者会見では安保戦略を仕切るサリバン補佐官が会場脇の目立たない場所に立ち、バイデン氏の発言を見守っていました。

やはり広島G7のもう1人の主役は、その場にいない中国でした。

（2023年5月25日）

［2023年7月20日］

中国

中国・武漢での大学の卒業式（2021年6月）＝AFP／アフロ

04 習氏を悩ます「魯迅文学」と中国経済を待つ「Xデー」

読者のみなさん、大越さん、こんにちは。

中国世論は秦剛外相についての話題で持ち切りです。秦氏は「健康問題」で3週間以上、姿をみせていません。先週末からは中国のSNSで盛んに「女性スキャンダル」が投稿されるようになりました。

次のグラフは、中国の検索サイト「百度」における検索数の推移です。上の線が「秦剛」、下の線が相手の女性の名前の検索数です。スキャンダルの真偽はわかりませんが、このグラフからは少なくとも中国政府が情報の拡散

百度における検索数の推移

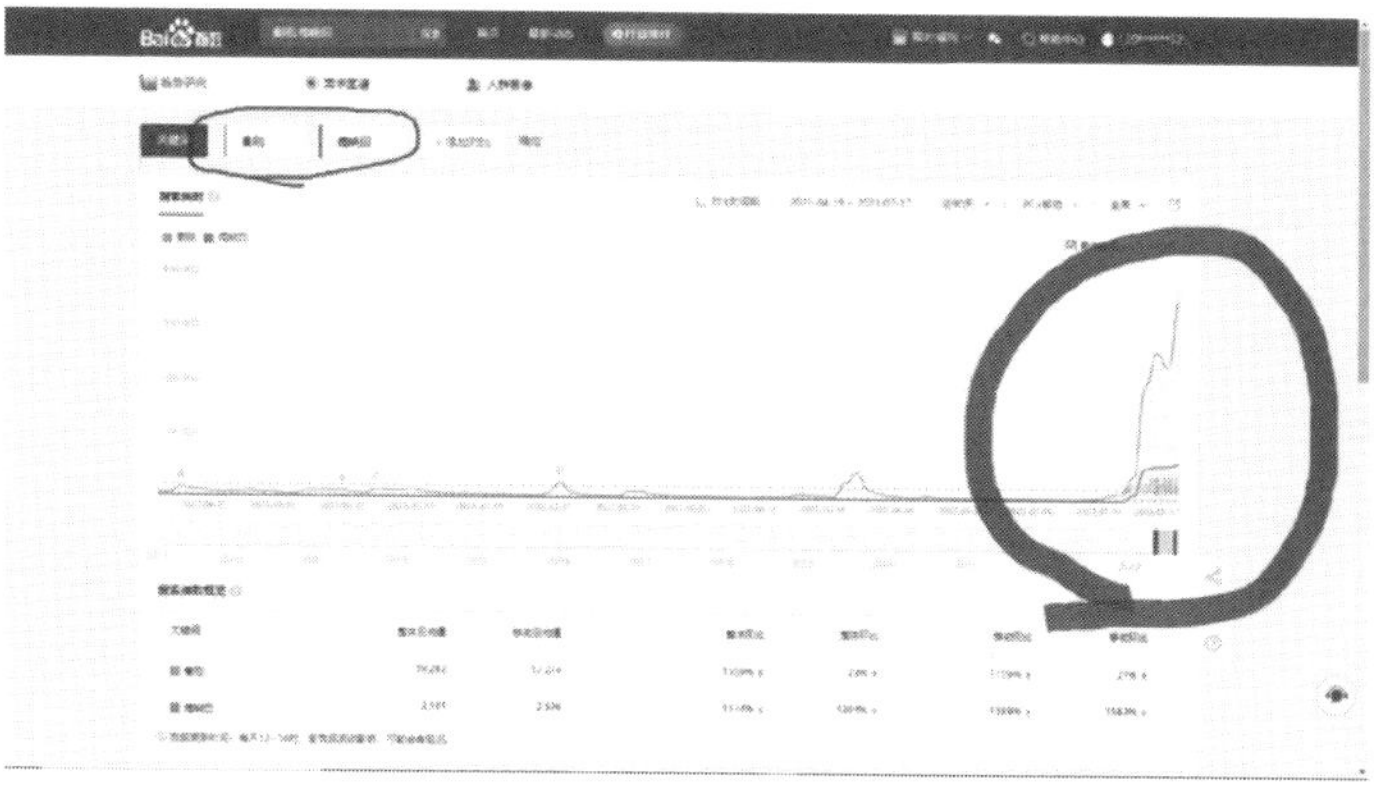

をまったく抑え込もうとしていない事実はわかります。

秦氏は習氏の寵愛がもっとも深いといわれる側近です。異例の「ロケットスピード」で外相に引き上げられ、外相就任後3カ月で国務委員に就きました。中国では通常、これほどの地位にある要人の女性スキャンダルは問題にはなりにくいです。それだけに、本当は背後にもっと深刻な問題があるのではないか――。こんな疑念も広がっています。

さて、今週、人々の心をざわめかせたもう1つのニュースは、2023年7月17日に発表された若者（16～24歳）の失業率です。6月の失業率は統計が始まった2018年以来で最悪の21・3%となりました。国家統計局スポークスマンは記者会見でこう説明しました。

「この時期（中国の学年は6月修了）は新卒学生が就職市場に参入するため、毎年、失業率が上昇する。7月はさらに悪い数字となるだろう。ただ、過去の経験則からいえば8月以降は改善する」

この発言を受け、ネット上では「2022年の8月から今にかけて失業率は改善したのか？」「原因は職がないからに尽きるだろう」と反発の声があがりました。

若者の失業率が「5人に1人」を超えるまでに悪化した背景には「増えすぎた新卒」と「希望と現実のミスマッチ」という2つの問題があります。

中国の新卒学生は2023年、前年比82万人増の1158万人に膨らみました。日本の新卒学生数は年間50万人台ですから、中国は1年の増加分だけで日本を大きく上回ります。しかも、その多くが「ホワイトカラー」への就職を希望しているといわれます。

いくら中国が世界第2位の経済大国でも、「見栄えのよい職場」を毎年そのような規模で用意するのは容易ではありません。その結果、就職できない学生に加え、「とりあえず就職しない学生たち」が増えました。北京市や大都市の一部では大学院への入学者数が学部入学者数を上回るようになり、「全職女児（正社員娘）」という、職を探しながら親と過ごして親から給料をもらう新たな「職業」も話題になりました。

政府や中国共産党は、若者たちをもっと多様な職業に振り向けようと躍起になっています。特に強く推薦しているのが、農村や工場などで額に汗して働く職業です。勤労の美しさを宣伝するとともに、若者を農村に送り込むキャンペーンを加速しており、「現代の上山下郷運動（毛沢東が文化大革命時代に実施した運動）」とも言われています。

しかし、若者と政府の溝は広がるばかりです。それを象徴するのが、2023年春に起きた魯迅の小説「孔乙己《コン・イージー》」を巡る論争です。

同小説の主人公は科挙に落第した老人です。彼は生涯、自分が知識人である誇りを捨てられず、現実社会で生きていく能力を身に付ける努力もせず、ボロボロの長衫（労働者は着ない裾の長い服）を着て、人々から嘲笑され続けます。

この小説を題材に、若者たちの間では自分たちを自嘲する「孔乙己文学」というのが流行りました。「学歴は我々の長衫だ」「教育は上に行く踏み台だが、上には行けず、その高い台から下りることもできない」などとネットでつぶやく遊びです。

これを受け、中国中央テレビが「〝孔乙己文学〟の背景にある不安に立ち向かおう」という論文をサイトに掲載しました。

「孔乙己が苦境に陥ったのは労働によって状況を変えようとしなかったからだ」「自分の心を管理し、逆境に立ち向かおう」「現代の意欲的な若者は長衫にはとらわれない」。そんな説教に加えて「修士号を得たにもかかわらず火鍋店の清掃をしながら明るく生きている女性」の美談も紹介されました。

そのあまりにも「KY」な内容に、中国版ツイッター「微博」には憤怒の声が続々と書き込まれました。

「我々大学生は決して『毎日オフィスでお茶を飲み、楽をして高給を得たい』と言っているのではない。理にかなった職場で、適切な報酬を得て、合法的な労働をしたいだけだ」

「労働者になったら基本的な保障も受けられない。中央テレビはこんな話をして人民に顔向けできるのか」

「魯迅は長衫を通じて社会を批判した。彼らは長衫を通じて私たちを批判した」

この論争には、中国共産党体制が長年抱えてきた「宿痾《しゅくあ》」ともいえる構造問題が凝縮されています。

第一に、広がる一方の「格差社会」です。日本でも格差はありますが、東京のサラリーマンと地方で第一次産業に従事している人の生活レベルにそこまで大きな違いはありません。しかし、中国ではホワイトカラーと農民や労働者との人生には天と地ほどの違いが生まれます。生涯賃金だけではなく、受けられる医療も子供の教育も保険や年金も違います。しばしば保障もされません。何よりも大きいのは、農民や労働者が本質的には都市部の人々から蔑視されている点です。同じ国にあっても両者の人生は先進国と後進国に生きるほどの違いが生まれてしまうのです。

だからこそ、子供を大学に通わす経済力があり、受験戦争を勝ち抜く努力を重ねてきた多くの家庭にとっては、たとえ子供が就職できずに困窮しても「転落」を選ぶ選択肢はあり得ないのです。

このとてつもない格差を縮小しなければ、若者の就業問題や労働の偏在は根本的に解決できません。

処方箋は比較的はっきりとしています。まずは中国社会に欠けている「富の再分配機能」を確立することです。その手段の一つが税制の整備です。

実は、習近平政権も就任以来、「宿痾からの脱出」に取り組んできました。

中国では相続税も不動産所有税も確立されておらず、富める人は不動産をタネにますます富んでいく構造です。相続税については2004年に法案の草案が準備されながら、まったく整備が進んでいませんでした。富裕層の抵抗が大きく、強行すれば指導者の身が危うくなる恐れすらあったためです。

習氏は1期目で自身の権力を固めたうえで、2期目で税制など改革の準備を進めました。2020年には不動産バブルの退治のため大型の資金調達制限も実施しました。そのうえで、3期目に向けて「共同富裕社会の確立」という目標を打ち出しました。

しかし、改革は新型コロナウイルスの登場で雲散霧消しました。「ゼロコロナ」政策で経済は大きな打撃を受け、そこに融資制限による大手デベロッパーの経営不安も重なったため、住宅販売が大幅に低迷しました。習政権は経済立て直しのため融資制限の事実上の撤回を余儀なくされ、税制改革もぱったりと止まってしまいました。

本来、構造改革はどんなに返り血を浴びても、始めた以上は不退転の姿勢でやりきらなければなりません。しかし、習政権はいったん始めた改革を引っ込めてしまいました。

それでも今も住宅販売は振るいません。人々の思考にはすでに「景気が回復すれば政府は必ず融資規制や相続税導入をやろうとするから住宅価格はまた下がる」という認識が刻み込まれてしまったためです。その結果、不動産に依存した中国経済も低迷したままです。

そうした状態では習政権は改革をいつまでも断行することができません。

習政権は今まさに「改革開放以来の構造問題という『長衫』を着たまま、上にも下にも行けない」という孔乙己状態に陥ってしまったのです。

不動産や税制などの構造問題を是正できなければ、地方政府の債務超過問題という「灰色のサイ」にも手が付けられず、いつかサイが暴走する恐れは強まります。若者の失業問題に解決策がみつからなければ、体制がもっとも恐れる「若者の不満の爆発」という事態にも発展しかねません。

「Xデー」が近づくリスクとそれへの処方箋をわかっていながら手が付けられない――。習氏は揺るぎない権力を手にしたにもかかわらず、大きなジレンマに悩まされているのではないでしょうか。

大越さん、米国は強大化した中国を牽制し、経済的な台頭を抑え込もうと躍起になっています。中国経済はしぶとさも見せながら、その一方で自滅の道を歩むリスクも秘めています。中国経済が大失速すれば、米国や世界への影響も小さくはないでしょう。中国を追い込むべきか、そうでないのか。米国はどう考えているのでしょうか？

大越匡洋からの返信

桃井さん、こんにちは。

2012年から4年間、北京で中国経済の動向を取材していたとき、読者のみなさんから「おまえの記事は悲観的すぎる」としばしばお叱りを受けました。

体制至上主義、不動産投資偏重、戸籍格差、縁故主義、国有企業優遇、人口高齢化、

ずさんなマネーゲーム。そんな話を書くことが多かったからです。習近平指導部の1期目に漂っていた「逆コース」の空気をなんとか伝えようとしていました。

最近の流行語である「Peak China（ピーク・チャイナ＝中国の成長はすでに頂点に達し、下り坂に入ったという意味）」を目にすると、当時、景気の実態を探ろうと全国を歩いて回ったマンション建設現場や鋼材市場を思い出します。

もっとも、中国経済の成長鈍化はいまに始まった話ではありません。

過去40年の中国の経済成長率を並べると、北京五輪前の2007年がピークだったことがわかります。そこから徐々に成長速度を落とし、安定軌道に入るはずでした。ところが2008年のリーマン・ショック後、中国政府は巨額の経済刺激策というアクセルをふかします。景気の失速は防いだものの、長く後遺症に苦しみました。

「今こそ中国を追い込む好機」と思う米国人はいるでしょう。ですが、まともに考えれば「中国の成長鈍化は米国に負の波及効果をもたらす」（イエレン財務長官）ことが避けられません。減速どころか失速となれば、米国も激しい返り血を浴びます。

「中国の野心を潰すため、長い目でみてここでたたいておくべきだ」とも言いきれません。最近の「ピーク・チャイナ」論は「米中開戦」論ときな臭く結びつきます。

ジョンズ・ホプキンス大のハル・ブランズ教授とタフツ大のマイケル・ベックリー准

教授が2022年夏に著した「Danger Zone」は冒頭、新大統領が就く直前の2025年1月に中国が台湾に侵攻し、バイデン大統領が核兵器使用の検討に追い込まれる「架空のシナリオ」から始まります。

両氏の論点は「台頭する挑戦者＝中国」が自信をつけたときに「覇権国＝米国」と衝突するということではありません。挑戦国が台頭から衰退に転じ、「敵を追い越せない」と自覚したときに「手遅れになる前に一か八かの勝負に出よう」と野心と絶望の罠に陥る恐れを論じています。

もちろん、台頭する挑戦国と既存の覇権国との間に摩擦が広がり、戦争の危険が高まるとの見方も根強くあります。ハーバード大学のグレアム・アリソン教授が「トゥキディデスの罠」と呼び、米中衝突のリスクに警鐘を鳴らしたことは有名です。

正直、どちらにどう転ぶか分かりません。そもそも戦争は不可避でしょうか。

バイデン政権は対中抑止力を高めると同時に習指導部との接点を増やし、危機を防ぐ構えです。問題は、いくら米国が「貿易や投資の制限は安全保障分野に対象を絞るので安心して」と言っても、中国が「よし分かった」というはずがないことです。

政策の透明性や予見可能性が乏しく、周囲を威圧して屈服させようとする中国は脅威です。一方で、あえて身も蓋もない表現を使えば、中国に対する米国の言い分はかなり身勝手です。「余計な野心は抱かず、景気が急変動しないよう安定成長を保ち、こちらのルールに従い、市場を開放せよ」――。

「世界の多くの人々は西側諸国を利己的で、自分勝手で、偽善的だと見ている」。英フィナンシャル・タイムズ（FT）のマーティン・ウルフ氏が最近こう書いていました。「何をいまさら」と思いましたが、「強者」は周囲の視線に無自覚なものなのでしょう。世界を中国、西側諸国を米国と言い換えても同じ構図があてはまります。

確かなのは、たとえ米中間の接触が増えたとしても「ともに繁栄しよう」という楽観的な空気になるとは思えないことです。「どちらのルールの下で繁栄を求めるか」。秩序の支配を競うことが今後10年の主要テーマになると考えています。

（2023年7月20日）

第3章

米国内政：分断の大国

AFTER 2024

USA vs. CHINA

［2022年6月9日］

米国

01

銃乱射1日1.6件、狂う銃社会と「1984」

米俳優マシュー・マコノヒー氏が銃規制強化を訴える(2022年6月)=ロイター/アフロ

読者のみなさん、桃井さん、こんにちは。

胸がざわつく6月です。この季節はいつも1989年6月4日の天安門事件を思い出します。民主化を求める市民や学生に国家が銃口を向けた理不尽を常に問いただし、歴史に刻み続けることが健全な社会のたたずまいだと信じます。ただ残念なことに、「デモクラシー」を掲げる米国で私が目にしているのは、暴力が荒れ狂う日常です。

「毎日履いていた緑色のスニーカー。9歳の彼女の身元を特定する唯一の証拠となってしまった」。2022年6月7日、ホワイトハウスの記者会見室に現れた俳優マシュー・マコノヒーさんは感情を高ぶらせ、超党派による銃規制の強化を訴えました。5月24日に児童ら21人が死亡した南部テキサス州ユバルディの出身です。

米国では文字通り、銃撃事件が毎日のように起きています。

非営利団体「ガン・バイオレンス・アーカイブ」の2022年6月8日までの集計によると、死傷者が4人以上の銃撃事件は2022年に入ってすでに251件発生しました。1日あたり1・6件にのぼります。このうちユバルディのような「大量殺人事件」は12件。2021年通年に銃撃で亡くなった17歳以下の子供は前の年より13％増え、1500人を超えました。

「もうたくさんだ（enough）」。バイデン大統領は2022年6月2日、視聴者の多い夜の「プライムタイム」のテレビ演説で10回以上も「enough」と口にし、連邦議会に行動を求めました。米国は民間で4億丁の銃を所有しているとされます。100人の住民に対して120丁の割合です。2位のイエメンは52丁なので、米国は群を抜く銃社会です。

合衆国憲法修正第2条で武器保有の権利を認める国の成り立ちを考えれば、一足飛びに銃保有を禁じるのは無理でしょう。それでも銃購入者の身元確認の拡大には世論の8割以上という幅広い支持があります。なぜ規制強化は進まないのでしょうか。

米民主主義の根幹といえる選挙、議会の制度が「進化」を阻んでいます。下院は過半数を握れば法案を可決できますが、問題は上院です。民主、共和両党が50議席ずつで拮抗しているうえ、議事妨害（フィリバスター）を打ち切るには60票の賛成が要ります。党派対立が深まり、野党・共和党から10票の賛成を得るのは至難の業です。

しかも上院は全米50州が平等の代表権を持つことを制度設計の思想とし、小さな州も大きな州も等しく、州全体を選挙区に2議席ずつ選出します。民主党支持層は大都市圏に集中しているのに対し、共和党支持者は全国に散らばっています。農村部など人口の少ない州にも広く薄く支持層がいる共和党は上院議員の選出で有利になります。

ノーステキサス大学の前田耕准教授（政治学）は「全米ライフル協会（NRA）が共和党と一体化した」ことも要因に挙げます。NRAは全米最大の銃ロビー団体です。

米調査サイト「オープンシークレッツ」によると、NRAの政治献金の98％は共和党議員向け。1900年代まで民主党4割、共和党6割という配分でした。クリントン政権時代の1994年に半自動小銃の販売を禁じる法律（2004年に失効）が成立して以降、米社会の分断が深まるとともにNRAは共和党支持一辺倒にカジを切りました。

「オープンシークレッツ」の1989年以降の集計によると、NRAから最も献金を受けているのはミット・ロムニー上院議員（ユタ州）で累計1360万ドル超。2位はリチャード・バー上院議員（ノースカロライナ州）で700万ドル弱、3位はトム・ティリス共和党上院議員（ノースカロライナ州）の約560万ドルです。いずれも共和党です。

資金力の衰退が指摘されるNRAは、共和党との一体化で政治力を保っています。「候補者は共和党内の予備選を勝ち抜くため、保守の象徴としてNRAのお墨付きがほしい」（前田氏）からです。現在、議会では超党派で何らかの成果を探る動きが続いています。しかし、実効性の高い対策の実現は困難だとの見方が大勢です。

米国生活で身近に「怖さ」を感じたことがあります。

3カ月前の夜、オフィスを出てウーバーを待っていたところ、いきなり背後から右の顎を思い切り殴られました。暗がりに倒れ込み、落としたメガネと携帯電話を拾ったときには角を曲がって逃げる男の影が見えただけでした。幸いけがはなく、物取りでもありませんでした。相手が素手でよかった。心底そう思いました。

かつて暮らした北京と同じように考え、油断していたかもしれません。北京は極めて治安のよい街です。そこら中に警察官と監視カメラがあふれているのですから当たり前です。33年前、自由を封殺した国は世界にもまれな監視国家を作り上げました。

英作家ジョージ・オーウェルが陰鬱な監視社会を描いた「1984年」の発刊は1949年の6月8日でした。自由を口実に暴力を自制できない社会には憤りを覚え、権力が力ずくで市民を抑え込もうとする思想には嫌悪を感じます。6月はやはり、胸がざわつきます。桃井さん、中国は米国を「衰退する大国」とみる世界観に一段と自信を深めているのでしょうか。何やら権力闘争のキナ臭さも漂います。北京の空気感を教えてください。

桃井裕理からの返信

大越さん、こんにちは。3カ月前に路上で殴られたと聞き、驚きました。今更ながら米国社会が抱える病巣の深刻さを感じます。くれぐれも気を付けてください。

テキサス州で21人が死亡した銃撃事件は中国でも盛んに報じられました。中国中央テレビ（CCTV）は1日に何度もこのニュースを流し、ネット上では「いつになったら米国は反省するのか」「何人の子供が犠牲になればいいんだ」などの書き込みや議論が相次ぎました。

なかでも多くの人から提起された疑問がこれです。

「これが米国のいう自由なのか」

中国では若い人たちを中心に米国社会への憧れはだんだんと姿を消し、中国社会のほうが暮らしやすいという考え方が広まりつつあります。中国共産党が米国の社会問題や惨事を中国国内で大々的に報道し「米国の民主主義には欠陥がある」という刷り込みを図ってきた影響です。

実際、中国という国は、政治と距離さえおけば、そして皮肉と逆説を込めて言えば、とても暮らしやすい場所です。

2010年代以降、中国全土で顔認証機能付きカメラと人工知能（AI）を組み合わせた「天網」という監視システムの整備が進み、統治の精度が劇的に変わりました。

2018年の中央政法工作会議によると「前年の中国の人口10万人あたりの殺人件数は0・81件で殺人発生件数の最も低い国となり、暴行罪の件数は2012年に比べ51・8％減少した」とのことです。さらに「社会治安に対する人々の満足度は12年の87・55％から17年の95・55％までに上昇した」そうです。中国公安省によると、2021年には中国の大きな社会問題だった児童誘拐の件数が13年に比べて82・6％減少しました。

中国のデータに信憑性はないとはいえ、実際に北京で生活している身として違和感のない数字です。私も仕事が遅くなると、深夜0時過ぎに歩いて帰宅することがよくありますが、暗い夜道に不安を感じたことは一度もありません。（怖いのは公安や警察による威圧的な職質ぐらいです）。人々がカフェや列車内のテーブルにパソコンやスマホを置いたまま離席したりする場面もよくみかけます。

生活も便利です。スマホ1つですべての支払いや様々な手続きも完了します。人々はそうした履歴から自らの行動や個人情報がすべて国家に把握されていることは知っていますが、ほとんど気にしていません。国家による監視は多くの人にとって直接的な影響がないうえ、今の中国で生きていく以上は受け入れざるを得ない所与の条件なのです。その対価として与えられたのが利便性なのです。

プラトンは著書『国家』のなかで、民主政治は必ず独裁政治に陥ると指摘しました。自由が尊重される社会において人々は自身の欲求ばかりを主張して争いを続け、その状態に疲れた民衆はいつしか強い指導者への隷属を求めるようになるのです。

中国にいて実感するのは隷属ほど楽な状態はないということです。自分で考えることさえやめてしまえば、あとは国家がすべてを決めてくれます。上海市の事実上の都市封鎖（ロックダウン）の最中、自宅に閉じ込められた人々は食料が届かないと当局の不手際に怒り、住民管理組織などに激しい抗議の声をあげましたが、政治や政策を変えるために自ら努力しようという動きは大きな流れとはなりませんでした。

中国の庶民の今の「幸せ」は自由をあきらめ、隷属を選択したからこそ保たれているものです。そして、このままでは米国でも水が低きに流れるようにいつしか自由の重責から逃れる方向に動いてしまうのではないか――。米国内の深刻な亀裂と争いをみるにつけ、こんな不安がよぎります。

バイデン米大統領は「民主主義対専制主義の戦い」を掲げています。可能であれば、バイデン氏にはただ中国と対峙するための国際政治の手段としてのみではなく、本当の意味で民主主義を守るため、自由に伴う責任や自己抑制の厳しさを体現してほしいと願っています。やはり米国大統領こそ民主主義のスーパースターですから。

（2022年6月9日）

[2022年12月22日]

米国

02 「半導体の盾」に「愛国者の盾」 2023年へ備えは十分か

ウクライナ大統領が訪米 露の侵攻後初の外遊（2022年12月）
=筆者撮影

読者のみなさん、桃井さん、こんにちは。2022年の最終号となります。まず、この場を借りて謝らせてください。私は完全に読み誤っていました。

12月初めまで「中国共産党は市民の抗議を受けてゼロコロナ政策を緩めると思うか」と尋ねられるたび、「政策修正は党中央による既定路線と言い張りつつ、党の統治は常に正しいという無謬《むびゅう》性の罠にはまり、中途半端に終わる」と答えていました。大外れでした。習近平指導部の手のひら返しはご覧の通りです。彼らがこれほど「雑い」政策転換におよぶとは思いませんでした。

「我々の一般市民からあなた方の一般市民、米国人に感謝する。本当に感謝している」。ホワイトハウスは12月21日、2022年を象徴する人物を迎えました。ロシアの侵攻を300日にわたり耐えたウクライナのゼレンスキー大統領です。サウスローン（南庭）の現場に取材に行くと、バイデン大統領は青と黄のウクライナカラーのネクタイを締め、カーキ色の戦時スタイルのゼレンスキー氏を出迎えました。

バイデン大統領は長距離の地対空ミサイル「パトリオット」の供与を含む追加軍事支援を伝えました。米軍の主力防空システムはゼレンスキー氏が熱望してきた「愛国者の盾」です。ロシアが嫌がる最大のクリスマスプレゼントだといえます。

2023年も「戦時」は続きます。しかも不確実性は増すでしょう。

ウクライナ軍のザルジニー総司令官は2022年12月15日付の英誌エコノミストにロシア軍が新たな動員を終え、翌1月下旬にも大規模な攻撃を仕掛けてくるとの見解を語りました。その2023年1月から米議会では中間選挙を受けて共和党が下院多数派を握ります。

下院外交委員長に就く見込みのマイケル・マコール氏（テキサス州）は最近、「白紙小切手を書くつもりはない」と言い切りました。ロシアの侵攻から1年がたとうとするなか、米議会の党派対立が西側によるウクライナ支援に影を落としています。

2022年は2つの「戦争」が歴史に特筆されるかもしれません。ひとつは言うまでもなく、ロシアによるウクライナ侵攻です。もう一つはバイデン政権が10月に仕掛けた先端半導体の厳しい対中輸出制限、いわゆる「半導体戦争」にほかなりません。

対ウクライナ支援が浮かび上がらせるロシアの急所は、米国の対中戦略の要諦にも通じます。たとえばウクライナ軍の対ロ反撃で注目を集めた携行型の対戦車ミサイル「ジャベリン」。米国はウクライナに8500基以上を提供しました。敵の戦車に命中させる精密誘導システムなどのために1基あたり200個超の半導体が要ります。

「ロシア軍が精密誘導装置のない弾薬に頼り続けるのは半導体の製造・入手が困難だからだ」。半導体を巡る国家間競争の歴史を記した『CHIP WAR』の著者、タフツ大准教授のクリス・ミラー氏は指摘します。書名を直訳すれば「半導体戦争」です。

経済力だけでなく、軍事力の優劣を決す戦略物資だからこそ、米国は先端半導体の入手を阻み、中国を引き離そうとします。その文脈に乗り、中国共産党からの統一圧力にさらされる台湾は、半導体供給網の要の地位を保つことで身を守る構えです。蔡英文総統のいう「シリコン・シールド（半導体の盾）」です。

「半導体の盾」の防御力は十分でしょうか。その疑問をミラー氏にぶつけました。

中国共産党にとって台湾統一は国家目標であり、政治的に必要なら習氏は経済面の損失に目をつむるのではないか。米国の安全保障にとって台湾が不可欠なことと、米中対立を左右する半導体が重要であることとは、重なる部分が多いとはいえ異なる問題ではないか――。「その通りだ」。こう応じたミラー氏は「『半導体の盾』がむしろ米国を抑止する事態」への懸念も示しました。

「台湾有事」は第2次世界大戦の連合軍によるノルマンディー上陸のような軍事作戦とは限りません。「中国が台湾の統治する無人島を占拠したら米国はどう出るか。戦争を決断すれば、世界経済に甚大な損害がおよぶと考えざるを得ない。半導体産業における台湾の重要性が逆に、米国が台湾防衛に動くことを抑止するかもしれない」

米国の中国専門家が「中国共産党のいう『平和的手段』は広い概念だ。非武装を意味するものの、強制力は否定せず、軍事、経済、外交、サイバーなどあらゆる種類の圧力を含む」と話していたのを思い出します。

「戦時」の想像は際限がありません。不吉な予想が外れることを切に願います。

桃井さん、北京の生活はどう変わりましたか。私は今年（2022年）、面白い本に出会いました。元CNN北京支局長、ハイメ・フロークルス氏の『The Class of '77』です。同氏は文化大革命の中国を生き抜き、毛沢東死去後の大学入学再開で北京大学に入りました。

北京大の「1977年入試組」には李克強首相、失脚した元重慶市トップの薄熙来氏、中国人民銀行の易綱総裁らがいました。貧しいながらも改革開放に躍動する北京の息吹を感じる1冊です。今の北京のリアルはどうですか。

桃井裕理からの返信

大越さん、こんにちは。

冒頭から謝罪をされたので驚きました（笑）。読みがはずれたと考えていらっしゃるようですが、私はそうは思いません。

「市民の抗議活動を受けて中国共産党がゼロコロナ政策を緩和したとしても、党を守る理屈が先に立ち、中途半端なものに終わるだろう」――。この大越さんの認識は、中国共産党の本来の動き方としては正しい見方だと思います。

しかし、そもそもの前提や問いかけが違うと思います。中国共産党は市民の抗議活動を受けて方針転換したわけでもなければ、ゼロコロナ政策を緩和・終結したわけでもないのではないでしょうか。2022年11月段階の北京の混乱を体験した身としては「ただ単に制御できなくなったから対策を放り投げただけ」というのが実感です。

大前提として、中国共産党は10月の党大会の終了後、2023年3月の全国人民代表大会に向けてゼロコロナ政策の解禁を模索し始めました。11月に入ると、20条の緩和策を発表し、北京ではPCR検査場が次々と閉鎖されていきました。ところが、想定外だったことに10月末ごろから全国で感染が急拡大し始めたのです。

中国では厳しい防疫措置と緩和策が同時進行し、様々な矛盾が発生しました。市民は不満をため、現場は疲弊していきました。そして11月下旬、ゼロコロナに明確に破綻の兆しがみえたのです。「十混一」という10人セットのPCR検査方法が大混乱に陥りました。この方式は中国のゼロコロナ政策を支えてきた重要な車輪の1つです。10人分の検体を1つの試験管に入れ、異常があった試験管の10人だけを再検査するというものです。

広い北京で数人しかいない感染者をみつけたいときにはコストが安く効率的なやり方でしたが、感染者が急増してくると、このメリットは逆に働きました。多くの試験管でやたらと陽性反応が出るようになり、検査会社は作業が急増しました。1人しか感染者がいないのに10人に通知し、再検査しなければならないためです。そのあおりで作業が間に合わず、検査結果が出ない人たちがたくさん出てきました。私も毎日PCR検査を受けていたのに結果が出ない日が増えました。

さらに「陽性疑いになった10人の自宅やオフィスに人員が出向き、正式結果が出てくるまで仮封鎖する」という作業も街中に混乱をもたらしました。モグラたたきのようにどこもかしこも相次いで仮封鎖になり、人員も足りず、みんなが「仕事にならない」事態に陥ってしまったのです。都市はすでにマヒ状態にありました。この段階で、北京の感染拡大は制御不能になりつつ「爆発段階」にまっしぐらに向かっていたのだと思います。人々の抗議活動はちょうどその絶妙のタイミングで起きました。

もし中国共産党が本当に人々の不満の声を聴いてゼロコロナを緩和する判断に踏み切ったのなら、もう少しやりようがあったと思います。薬や発熱外来の準備もできたでしょうし、段階的な緩和にしたり、ロードマップを示したりすることもできました。そもそも人民の不満を抑えるために緩和するのですから、人々の感染防止や生活に配慮したポーズをみせたいと考えるのが普通ではないでしょうか。

しかし、中国は、導火線があと5ミリまで迫った爆弾を放り投げるように、あわてでコロナ対策を放棄しました。もしそのまま「ゼロコロナ堅持」と言い続け、爆弾を手に持ち続けていたら、世界中から「ゼロコロナ政策は大失敗」と認定される事態となり、党が大けがを負ったかもしれません。緩和宣言はぎりぎり「自発的な緩和です」といえるタイミングだったといえます。

では、なぜこんな事態になってしまったのか。多くの要因がありますが、最大の原因は習政権がもたらしたモラル・ハザードだと思います。

台湾有事や半導体戦争に向けて中国がどう動くのかについて、世界の専門家が様々にシミュレーションしていると思います。メインシナリオの多くは中国共産党は基本的に組織力のある手ごわい組織として描かれているのではないでしょうか。しかし、実はもはやまったく組織の体を成していない組織に変わりつつあるのかもしれません。その場合、未来はさらに予測しづらく危険なものになります。

2022年は最後まで思いも寄らないことの連続でした。2023年はどんな年になるでしょうか。少なくとも中国については「予測の範囲に収まるわけがない」と考えることが最大の備えになりそうです。

（2022年12月22日）

［2023年1月26日］

米国

03 — バイデン氏、隠しきれなかった素の感情 狂う目算

米大統領、ホワイトハウスで市長らと会合（2023年1月）＝筆者撮影

読者のみなさん、桃井さん、こんにちは。約1週間前の2023年1月20日、バイデン米大統領は就任から丸2年を迎え、4年の任期を折り返しました。どんな表情で次の2年に臨むのか、ホワイトハウスのイーストルームにその日の姿を確かめに行きました。

一瞬の変化でした。それまでにこやかに話していたバイデン氏の顔から笑みが消え、素の感情がにじみ出ました。能面のような表情を装いながらも、目元に刻まれたのは憤怒、そして軽蔑。記者から「いらついていますか」

と質問されたときのことです。

この日、全国の市長を集めたイベントでバイデン氏は1時間弱にわたって2年間の成果を振り返りました。記者から質疑を受ける時間は設けられていませんでしたが、終了後にある記者がウクライナ支援について質問すると、バイデン氏は足を止めて「ウクライナは必要な支援をすべて手にする」と答えました。ところが「いらついて……」の質問が続いたとたん、表情を消してくるりと記者に背を向けました。

前段があります。前の日、豪雨災害に遭ったカリフォルニア州を視察した際のことです。記者の質問が災害についてではなく、バイデン氏の私邸などで見つかった機密文書の問題に集中することが「自分を悩ましている」とバイデン氏は述べました。

中間選挙の前の2022年11月2日に機密文書を見つけていたにもかかわらず、報道が先行するまで2カ月あまり公表しなかったことについては「後悔していない」と断言し、「取り立てて大事なものはない（There is no there there）」と切り捨てました。

これには民主党寄りの米主要メディアもいらついています。2023年1月9日以降、バイデン氏のデラウェア州の私邸などで機密文書の存在が続々と発覚しているのに、ホワイトハウスは内容など詳細について十分な説明をしていないからです。バイデン氏が公の場に現れるたび、記者が機密文書問題の質問を浴びせる悪循環に陥っています。

実は政権の節目だった1月20日も、司法省がバイデン氏の私邸を半日以上かけて捜索していました。任意とはいえ、現職大統領の自宅が捜査対象となる異常事態です。翌日、新たに6点の書類が見つかったと公表されました。

米メディアは当初、自宅に持ち帰った大量の機密文書の引き渡しを拒み、司法当局の家宅捜索を受けたトランプ前大統領と、当局に全面協力するバイデン氏との「違い」を説明していましたが、その声も遠のいています。上院民主党ナンバー2のダービン院内幹事は2023年1月22日にテレビ出演し、「名声が失われる」と批判の声を上げました。

その後、トランプ政権の副大統領だったペンス氏も念のために自宅を調べたところ機密文書が見つかり、問題は民主、共和の両党に広がっています。とはいえ、バイデン氏はこの問題でトランプ氏を「無責任」と攻撃してきただけに、不意に自らに跳ね返ってきたダメージは予想外に重くなる恐れがあります。

中間選挙での「勝利」と野党・共和党内の主導権争いによるドタバタを踏み台とし、バイデン氏は近く2024年大統領選への再選出馬を正式に表明する構えでした。

2023年2月7日に設定された一般教書演説の前に表明する日程が本来は有力な選択肢だったでしょう。現職大統領が再選出馬を表明すれば、党内から対抗馬が出る動きを事実上封じることができます。機密文書問題はバイデン氏が描く政治日程の想定を崩しました。せっかく44％程度に高まった支持率も再び42％台に落ち込んでいます。

民主党内ではバイデン氏について、「偉大なる社会」を掲げて公民権法を実現したリンドン・ジョンソン大統領の再来と持ち上げる向きがあります。そのジョンソン氏はベトナム戦争の混迷から1968年大統領選の予備選途中での撤退を迫られました。ジョンソン氏の再来ではなく、二の舞いを踏む恐れがバイデン氏に忍び寄ります。

外交では2023年2月にブリンケン国務長官が訪中し、2022年11月の米中首脳会談で再開した対話を続け、競争を「管理」する局面を保つことが「次の2年」の主眼でした。もちろん、共和党のマッカーシー下院議長が春をメドに台湾を訪問し、中国との関係が再び途絶する懸念はあります。それでもバイデン氏は2023年9月のインドでの20カ国・地域（G20）首脳会談で改めて中国の習近平国家主席と会い、さらに同年11月にサンフランシスコで開くアジア太平洋経済協力会議（APEC）首脳会談に習氏を招いて対中競争を「管理」し続ける筋書きを視野に入れていたはずです。

再選に挑むことを明確にし、大統領としての求心力を保たなければ自身の筋書き通りに手を打つことは難しくなります。「次の2年」の目算に狂いが生じそうです。

桃井さん、中国は春節（旧正月）の連休が終わりますね。ゼロコロナ政策を転換し、中国経済が息を吹き返す期待もありますが、不動産投資偏重といった構造問題はいまも解決できていません。習指導部の目算通りに中国経済は回復するでしょうか。

桃井裕理からの返信

大越さん、こんにちは。政治の現場を間近でみられる米国の民主主義はやっぱりいいですね。バイデン氏の表情の変化のお話、臨場感が漂います。

中国は今週、春節休みです。「ゼロコロナ政策」に続く感染爆発「フルコロナ」の波もあっという間に全土を駆け抜け、各地は今、春節を祝うムードに沸き立っています。北京の繁華街、王府井も久々に観光客であふれかえり、まともに歩けないような状況です。

足元では明るい雰囲気が漂いますが、2023年の経済の行方は予断を許しません。中国政府は景気浮揚に向けて経済政策を大きく転換しました。

2022年末の中央経済工作会議が示した今年の経済運営方針は、消費の回復・拡大を優先し、不動産市場を安定させ、プラットフォーム企業をはじめ民営企業の発展を支援する方針が打ち出されました。ここ2年ほど懸念されてきた習近平政権の閉鎖的かつ社会主義的な経済政策から開放的かつ資本主義的な政策に一変した形です。

最大の変化は不動産政策です。2020年に課された不動産大手への総量規制策「3つのレッドライン」を大幅に緩和する方針が2023年1月中旬に発表されました。前年の11月に出された16項目の支援策を受け、国有銀行は63兆円を超す融資枠も設定しています。

これは習近平国家主席にとっての大きな「敗北」です。不動産産業に過剰に依存する経済構造と不動産バブルの是正は中国の長年の課題であり、習政権も2012年の発足以来、検討を進めてきました。過剰債務問題と並び、習氏がいう「灰色のサイ（将来の大きなリスクがわかっていながら手が付けられていない問題）」の一つといえるでしょう。おそらく習氏は2期目の政権で不動産問題の解決へ抜本的な道筋を示したうえで、3期目政権では相続税や不動産税といった富の再分配機能を具体化し、その先にある「共同富裕」に歩みを進める算段だったと思われます。

その第一歩がソフトランディングを狙って打ち出した2020年の「3つのレッドライン」だったわけですが、業界の病巣は想像以上に深刻でした。中国恒大集団をはじめとする民間大手の自転車操業はあっという間に行き詰まり、金融リスクが増大しただけでなく、未完成物件が続出したせいで人々の住宅の購入意欲も急速に冷え込んでしまいました。そこにゼロコロナが相まって経済は完全に失速しました。習政権は構造問題を先送りしてでも、ひとまず不動産市場を元の状態に戻し、経済全体の立て直しを優先せざるを得ませんでした。

政府の不動産支援策は手厚く、資金供給も潤沢であるため、2023年は都市部を中心に投資意欲が活発化する可能性は十分にあります。経済全体でみても、足元で人々の消費や旅行の意欲は強いです。外需や資源エネルギー価格の影響については世界経済に左右されるため読み切れませんが、少なくとも中国国内の景況感は久々に上向いてきそうです。

一方で、習氏がやりたかった改革は「いったん停止」どころか、以前よりも大きく後退する可能性があります。今回、不動産のプチバブルが再燃するとすれば、おそらく一線級の大都市の比較的優良な物件に限定される可能性が高いです。一方で、2022年の市場の落ち込みやゼロコロナによる多くの中小企業の倒産・失業をみて、庶民の心にはすっかり不信や恐怖が刻み込まれてしまいました。さらに、深刻な人口減の影響はすでに地方都市に及んでいます。三線、四線都市の不動産需要の落ち込みがこれまで以上に加速する恐れは大きいです。それは地方都市の財政問題にも火をつけます。

つまり習氏が改革に努力した結果、引き起こされるのは「都市と地方」「持てる者と持たざる者」のさらなる格差拡大という、目的とは真逆の事態になるかもしれません。「灰色のサイ」を追い払って次の段階に進むどころか、サイが庭先でむくむくと太っていくのをただ見ているだけ——。習氏の「次の5年」はバイデン氏に負けず劣らず「こんなはずではなかった」と大きく目算が狂う5年になりかねません。

お互い辛い状況の習氏とバイデン氏。孤独な指導者同士で腹を割って話せば、案外気が合う話題も多いのかもしれませんね。


（2023年1月26日）

米国

会談に向かうイエレン財務長官（2023年1月）＝AP／アフロ

04 バイデン政権、対話なき競争に危機感 半年巻き戻す時計の針

読者のみなさん、桃井さん、こんにちは。世界保健機関（WHO）が2023年5月5日に新型コロナウイルスの緊急事態を解き、米国も入国者のワクチン接種義務を含む公衆衛生上の緊急措置を11日に撤廃しました。3年あまり続いたパンデミック対応は一区切りです。

人類を襲った共通の危機でさえ、米国と中国という両大国を対話と連携に向かわせることはできず、対立はかえって深まりました。米国は党派を問わず対中強硬を競い、ワシン

イエレン財務長官とサリバン大統領補佐官の演説の骨子

イエレン財務長官の対中経済演説の骨子(2023年4月20日)
国家安全保障上の利益、同盟国・パートナーの利益、人権を守る
そのための的を絞った措置が経済的利益と両立しなくても妥協せず
これら施策を通じた競争上の経済的優位の獲得が目的ではない
中国経済とデカップル(分離) しようとはしない
地球規模の課題に協力求める。過剰債務と気候変動が優先課題
米中は活発な意見交換を維持しなければならない

サリバン大統領補佐官の経済戦略演説の骨子(2023年4月27日)
中国は鉄鋼など伝統的産業と将来の主要産業の双方に巨額補助金
半導体輸出規制などの措置は国家安全保障上の懸念を前提に慎重に制限したオーダーメード対策。中国のいう「技術封鎖」ではない
中国とのデカップリングではなく、デリスキング(脱リスク) と多様化を追求
中国と多面的に競争しても対立や衝突は望まず。責任をもって競争を管理し、できる限り中国と協力
経済協力の相手は先進的な民主主義国家に限るものではない
構築をめざす国際的経済連携は柱がはっきりした「パルテノン神殿」式ではなく、近代建築の巨匠「フランク・ゲーリー」風

トンでは「米中もし戦わば」といった物騒な議論もしばしば聞こえます。

バイデン政権は中国との対話の目詰まりを打開できず、緊張や誤解が不測の衝突につながりかねないとの危機感を一段と高めているのではないか。そんな切迫感を感じさせる要人の発言が最近、米国から相次ぎました。発信者はイエレン財務長官とサリバン大統領補佐官(国家安全保障担当)です。

2人の発言に共通するのは「中国とのデカップリング

（分離）を求めない」「半導体の対中輸出規制といった政策は国家安全保障上の理由から実施したものであり、中国封じ込めではない」「米中は対話し、協力できる」――といった内容です。

重要な演説なので、主な内容を表にまとめます。

２０２２年11月、インドネシア・バリ島でバイデン大統領と習近平国家主席は米中の対話維持で合意し、ブリンケン国務長官による中国訪問を約束しました。しかし中国の偵察気球事件がすべてをぶち壊し、ブリンケン氏は２０２３年2月に予定していた訪中を直前に「延期」しました。その後も関係はこじれたままです。

現状では対話を前に進めるメドが立ちません。バイデン政権は事実上、時計の針を半年前の「バリ島」までいったん巻き戻し、仕切り直すことを狙っているといえます。

経済閣僚筆頭のイエレン氏と安保戦略を仕切るサリバン氏が中国に「対話」の秋波を送る意味は大きいです。逆説的にいえば、２人そろって動かなければならないほど、米中関係が危うい断絶の淵にあるとバイデン政権が認識していると受け取れます。

とはいえ、イエレン氏は「安保と人権では絶対に譲らない」「その結果として経済的な影響がもたらされる可能性があってもためらわない」とも述べています。当たり前ですが、中国が大歓迎する内容に米国が大きく譲歩したわけではありません。

サリバン氏は1週間前のイエレン氏の演説を踏まえつつ「中国は鉄鋼などの伝統的な産業だけでなく、クリーンエネルギー、デジタルインフラ、バイオテクノロジーなどの将来の主要産業にも巨額の補助金を出し続けている」と強調しました。中国の「不公正さ」の根幹が国家資本主義的な補助金政策にあるとの見方は変えていません。

「協力」を呼びかけたイエレン氏が地球規模の課題として挙げたのは、「過剰債務」と「気候変動」でした。その直後、気候変動問題を担当するジョン・ケリー米大統領特使が中国を訪れる計画が表面化しています。

もっとも、気候変動や過剰債務の問題は中国からみれば責任を求められる話です。米国の話に乗っかる格好をみせて時間を稼ぐことはあっても、テーマそのものにうまみを感じるとは思えません。米中が地政学上のライバルとして競う構図は続きます。

「デカップリングではなく、デリスキング（脱リスク）」。サリバン氏は欧州連合（EU）のフォンデアライエン欧州委員長の言葉を借り、中国との競争がもたらす経済構造をこう定義しました。日本など同盟国に「完全な経済分断はないから安心してほしい」と訴えるための修辞ですが、すでに供給網再編といった激動に巻き込まれている企業にとって、先行きの不透明感が薄れるのはまだまだ先でしょう。

イエレン、サリバン両氏の演説は「健全な競争」を再定義し、歯止めのない対立に一線を画す試みだといえます。そうしなければならないほど、米議会は対中強硬に傾いています。次の大統領選挙は18カ月後に迫り、候補者は選挙戦で「強さ」を競い合う局面に入ります。中国との関係打開は先送りするほど難しくなるわけです。

一方で、中国から届くニュースも先行きを悲観させるものが目立ちます。

「企業が投資前にデューデリジェンス（調査）を実施し、経済データにアクセスし、合理的な意思決定をくだすという日常の経済活動が違法となる可能性がある」。バーンズ駐中米国大使は2023年5月2日、7月施行の中国の反スパイ法への懸念をこう話しました。

中国当局は最近、米コンサルティング大手ベイン・アンド・カンパニーの上海オフィスを調査したほか、米信用調査会社ミンツ・グループの北京オフィスに立ち入り、中国人社員を拘束しました。ビジネス界はいまの米国で唯一の中国の「理解者」といえます。その支持さえも失いかねない危うさが米中関係の現在地です。

米国のカジを取るバイデン大統領は2024年大統領選への立候補を正式に表明しました。本命ではありますが、支持者に熱狂はありません。ワシントン・ポストとABCテレビが2023年5月7日に発表した世論調査結果によると約7割が80歳というバイデン氏の高齢を不安視し、立候補表明直後にもかかわらず支持率は36%と2月から6ポイント低下しました。

しかもトランプ前大統領との仮想対決でバイデン氏に投票すると答えたのは「絶対に」と「たぶん」を合わせて38％にとどまり、44％の前大統領に「敗北」しました。厳しい世論はバイデン氏が「弱さ」を見せることをますます許さなくなります。

桃井さん。中国はバイデン大統領を「弱い指導者」とみなしていると思うのですが、どうでしょう。中国指導部はバイデン政権の行方をどう受け止めていますか。

桃井裕理からの返信

大越さん、こんにちは。

バイデン米大統領は80歳、トランプ前大統領は76歳。なかなかに超高齢の一騎打ちですね。2人ともその年齢でそれだけのエネルギーをお持ちなのはうらやましく思います。一方、習近平国家主席は2023年で70歳。バイデン氏が80歳で米国の大統領を再任するなら習氏がまだ10年以上指導者の座にいても年齢上はおかしくないので、内心心強く思っているのではないでしょうか？

さて、中国は、バイデン氏でもトランプ氏でも米国は混乱が続くとみています。人民日報傘下の国際ニュース専門紙「環球時報」は2023年4月30日、電子版に掲載した論文「バイデン氏が再選をめざすと表明　米大統領選の予測不能性はさらに鮮明に」でこう指摘しました。「米メディアはバイデン氏もトランプ氏も国民に人気がないとみている。バイデン氏が再選してもさらに複雑な挑戦に直面するだろう」

中国にとって、今や誰が大統領になっても対米戦略に大きな変更はありません。バイデン氏のほうがトランプ氏よりも行動が予測しやすい点はありますが、米世論の反中感情はかつてないレベルに高まっており、民主党も共和党も対中強硬姿勢では完全に一致しています。サリバン米大統領補佐官は「対中半導体輸出規制は技術封鎖ではない」「中国とのデカップリングはなくデリスキングしかない」と発言しているそうですが、やられる方からみればただの言葉遊びに過ぎません。習氏はすでに米国と対峙していく覚悟を固めています。

2023年3月7日の全国政治協商会議における習氏の発言はその覚悟と割り切りを如実に示していました。「米国を中心とする西側諸国による全面的な封じ込め、囲い込み、弾圧が中国の発展に前例のない深刻な試練をもたらしている」。習氏はこれまで米国を名指しで批判することはなく、「一部の国」などの言い方をして米国と真っ向から敵対しないよう配慮を示していました。もうそのような配慮は不要なのです。

さらに「封じ込め」という冷戦時代の用語を使ったこの発言は「米国が一極支配する世界」への宣戦布告でもあります。習氏は2023年4月のボアオ・フォーラムで「グローバル安全保障イニシアティブ」という概念を世界の新しい方向性として打ち出しました。その際の習氏の演説です。「冷戦思考は世界平和の枠組みを損なうだけだ。覇権主義とパワー・ポリティクスは世界平和を危うくするだけだ。ブロック対立は21世紀の安全保障の問題を激化させるだけだ」。そのうえで、冷戦思考や一国主義を捨てて多極化主義をめざす同イニシアティブを訴えたのです。「米国主導との決別」を世界に訴えたといえます。

実際、中国はこの言葉に沿って怒涛の外交を展開しています。2023年3月にサウジアラビアとイランの電撃的な国交正常化を仲介して世界を驚かせたのを皮切りに、ロシアとウクライナの和平問題の提起、フランスのマクロン大統領との結束の誇示、アフガニスタン問題への立場表明と米国への名指し批判、ミャンマー軍政への支援と隣国バングラディシュとの仲介提案などを一気に実施しました。いずれもこれまで米国が関わっていた地域問題への関与を強め、米国の影響力を排除する政策です。来週には初の「中国＋中央アジア5カ国」首脳会議も西安市で開かれます。

これだけの外交をブルドーザーのように展開する中国の外交パワーには驚かされますが、各国が米国に遠慮せずに中国の動きを受け入れるのも米国の影響力が弱まっているからです。バイデン氏は中東をはじめとする各国への関与から距離を置いているうえ、アフガニスタンからの撤退時の体たらくに象徴される「米国の弱さ」を白日の下にさらし続けています。

結論です。当初、バイデン氏に対中融和姿勢を期待していた中国にとってバイデン氏の厳しい対中姿勢や「封じ込め」は期待を裏切る意外な展開でした。しかし、すでに米国と対峙しつつ米国主導ではない世界をつくると旗幟鮮明にした中国にとって、バイデン氏はとても望ましい「弱い米大統領」といえます。

（2023年5月11日）

第4章

米中外交と世界のパワーバランス

AFTER 2024

USA vs. CHINA

［2022年4月28日］

中国

01

途上国を追い込む米国の正義と中国の野望

経済危機に苦しむスリランカで抗議デモ（2022年1月）＝AFP／アフロ

読者のみなさん、大越さん、こんにちは。

中国では北京市でもほぼ全市民のPCR検査が始まりました。私も2日に1回検査させられています。現在、拡大しているのはオミクロン型だけに、当初は多くの人が「全員検査を始めたが最後、上海のように大量の無症状の陽性者が発見されてロックダウン（都市封鎖）になる」と買い出しに走りました。ところが、いざ検査を始めると不思議なことに北京では無症状者はほとんど発見されず（たとえば2022年4月22～26日の陽性者合計

113人のうち無症状は9人のみ）ロックダウンはまぬがれています。「さすが首都北京の検査薬は配慮が完璧だ」との冗談も出回っていますが、今後どうなるでしょうか。

さて、いわゆる中国の「債務のワナ」の代表例として知られるスリランカが今、1948年の独立以来最悪という経済危機に陥っています。食料や物資が逼迫し、電気も止まり、コロンボなどの主要都市では数週間にわたって反政権デモが続いています。大きな政変はまぬがれないと思われます。

このスリランカが危機に陥った歴史には、米中に二分されようとする今の世界への示唆と教訓が多く含まれると考えています。

まずは中国の動向をみてみます。中国の途上国への貸し付けが「債務のワナ」といわれるゆえんは、入り口のハードルの低さに比した条件の過酷さにあります。金利は高く、期間は短く、債務不履行に陥れば事業の株式や土地の利用権と転換する――。インド洋のシーレーンに面した南部ハンバントタ港は「借金のかた」として中国が99年の運営権を獲得しました。開発事業の貸付金利は6％という高利だったともいわれています。

いよいよ苦境に陥ったスリランカは中国に救済を求めました。それに対する中国の対応が思いのほか、なかなかの「塩対応」です。

スリランカ政府によると、ゴタバヤ・ラジャパクサ大統領は2022年1月に同国を訪れた中国の王毅国務委員兼外相に支払期限の延長など返済条件の緩和を要請しました。王毅氏はこれには応えず、スリランカ側が渋っていた自由貿易協定（ＦＴＡ）の締結を求めました。

２０２２年４月22日にはスリランカの求めに応じて李克強《リー・クォーチャン》首相とマヒンダ・ラジャパクサ首相が電話協議しました。中国外務省の発表によると、金融支援を求めるラジャパクサ氏に対し、李氏もまたもや「一日も早くＦＴＡ締結に向けた作業を進めてほしい」と要請し、ラジャパクサ氏も「交渉を進める」と同意しました。見方によっては、スリランカの足元をみた交渉のようにもみえてしまいます。

ロイターは４月26日「スリランカと中国が債務借り換えに関する協議を開始した」と報じました。中国側が「借り換えが望ましい」との見解を示しているとのことです。スリランカは国際通貨基金（ＩＭＦ）やインドに支援を求め始めています。中国はそうした資金を自国への返済にあてることを期待しているのかもしれません。

そもそも中国にとってはスリランカが債務不履行となっても「債務のワナ」方式の契約ならば株式転換で貴重な権益を得ることが可能です。どちらに転んでも損はしません。しかし、それは経済危機に陥ったスリランカを救う道とはいえません。中国が本当にこのように振る舞うならば「一帯一路」のパートナーという地位にいったいなんの意味があるのでしょうか。

今回の危機にあたって、米国や日本、インドはＩＭＦや世界銀行と連携し、健全な形でスリランカ経済の立て直しを支援し、その成果をおおいに世界にアピールすべきだと考えます。「チャイナリスク」への警鐘を改めて鳴らすと同時に、中国の「債務のワナ」に落ちて破綻への道を歩む途上国に新たなモデルを示す必要があるためです。

そして、今回のスリランカの経済危機は米国にとって別の教訓もあります。スリランカがなぜこのように中国に依存する道をたどったのか――。背景には米国自身の選択があったためです。

英国の植民地だったスリランカは第二次世界大戦直後にはシンガポールが見本とするほど経済も議会政治も進んでおり、米国や英国も投資していました。特に米国は軍事拠点としても活用していたほか、2001年9月11日の「同時多発テロ事件」以降、武装組織「タミル・イーラム解放の虎（ＬＴＴＥ）」と対峙していたスリランカ政府を対テロの一環として支援もしていました。しかし、ＬＴＴＥとの内戦の過程で民間人攻撃などがあったとして支援を停止しました。

その空白に新たな支援国として入ってきたのが中国です。米国は2009年5月の内戦終結後もスリランカの戦争犯罪を国連などで批判し続け、ＩＭＦの融資に反対したりもしました。つまり内戦ですっかり荒廃したスリランカにとって、経済復興で唯一頼れたのが中国だったのです。さらに中国は国連人権委員会などでスリランカを擁護する役割も果たしてきました。

当時、米国内にもスリランカを孤立させるリスクを訴える声がありました。たとえば米上院外交委員会には「スリランカ内戦後の米戦略の再定義」など中国の進出を防ぐために柔軟な対応を求める報告書も提出されました。しかし、人権や正義に重きを置いたオバマ政権において戦略が見直されることはありませんでした。

このストーリーは今の世界にも通ずるところがあると考えます。

「民主主義対専制主義」を掲げるバイデン米大統領は自由や人権、法の正義に基づいて世界の国々をまとめあげ、中国と対峙しようとしています。その理想は確かに正しいのですが、このような二項対立を迫られたとき、必ずしも米国についていけない国も出てきてしまいます。どの国もしがらみもあればスネに傷もあるためです。

ウクライナ危機に関する国連総会の対ロシア非難決議では50カ国以上の反対・棄権・無投票の国が出ました。それぞれの国にそれぞれの事情があるのでしょう。しかし、常に踏み絵を迫るようなバイデン氏のやり方は「今は米国側に立てない国」や「中立でいたい国」もそろって「中国陣営」に追いやってしまうリスクがあるかと思います。

2022年4月19日には中国とソロモン諸島が安全保障協定を締結しました。ソロモン諸島は南太平洋の要所にあり、中国が軍事拠点を置けば米国やオーストラリアにとっては脅威となります。米国は急遽使節団を派遣して軍事基地を置かないよう警告しました。一方、ソロモン諸島への目配りは本来、オーストラリアに期待されるところです。同国のダットン国防相はメディアのインタビューで「アフリカを見れば汚職が存在することが分かる。我々はそのような戦略とは競争できない」との考えを示したそうです。

汚職も顧みない戦略に汚職で対抗することはもちろんできません。だからといってそうした国を排除してしまってよいのでしょうか。世界には理念だけでは生きていけない国々もあります。そうした国をゼロサムではないやり方でどのようにケアしていくのか——。中国の台頭とともに何度も味わった失敗と教訓を踏まえ、米国や日本も改めて対処法を練り直すべき時ではないでしょうか。

大越さん、バイデン政権内ではどのように議論されているのでしょうか。

大越匡洋からの返信

桃井さん、北京では通常の生活がなんとか続いているとのこと。ひとまず安心しました。ストレスフルな日々であることは行間からも伝わってきます。

先週末、その北京出身で米国に永住している中国人の友人夫妻が我が家に遊びに来ました。「北京のご両親の生活に不安はないか」と尋ねると、「上海がロックダウンされる噂が出た時点から食料の備蓄を始めたので、問題ない」。さすがに中国人は権力という理不尽から身を守るすべを心得ているな、と思いました。

さて、米国です。理想主義に傾く民主党政権が「民主主義か否か」の踏み絵を各国に迫り、不用意に「敵」をつくっているのではないかとの懸念は米政府内にもあります。「排除の論理」が恨みを残すのは古今東西、変わらぬ道理です。

ホワイトハウスに限れば、この理想主義の建前はかなり強固です。そもそもバイデン大統領は大きな期待を寄せられて誕生したリーダーではありません。本人も半ば自覚しているように、その歴史的使命は「米国第一主義」を掲げて米民主主義や国際秩序をガタガタにしたトランプ前大統領を否定することにありました。

大統領選には競り勝ったものの、その歴史的使命を全うしたとは言い難いのが現実です。国内の分断はさらに深まり、世界を見渡せば強権国家が台頭し、その筆頭に中国がいます。力と札束で相手をねじ伏せるのではなく、民主主義の理念と体制による連帯を世界に広げる——。ウィルソン主義に連なる米外交の伝統的系譜だといえます。

もちろん、建前の裏には米国の国益があります。トランプ時代のむき出しで近視眼的な国益追求とは一線を画し、長い目でみて米国の利益となる国際環境を築き直すには、まず「理想」の方向へ強く逆バネをきかせる必要があるのでしょう。建前が「きれい事」にとどまり、現実のほころびが広がることもあります。中国が影響力を拡大するソロモン諸島を米高官が急遽訪れたのは、ほころびを繕う外交の典型です。

外交の基本は国益の追求です。米中のような大国の利益追求は世界を巻き込みます。だからこそ「自国の利益だけを追求しているわけではない」という建前を、理念や理想といった価値にまで高められるかどうかが勝負を分けます。長い戦いです。

（2022年4月28日）

[2022年10月27日]

米国

米ホワイトハウスで会合。左はカマラ・ハリス副大統領(2022年10月)
=ロイター/アフロ

02

習近平氏、西側に告げた「ロング・グッドバイ」

読者のみなさん、桃井さん、こんにちは。5年に1度の中国共産党大会が終わり、3期目の習近平体制が始まりました。トップ7が集う「指導部」というより、習氏個人が支配する「体制」の幕開けというほかない歴史の節目をワシントンから見つめました。10年前、習指導部の発足を北京で取材した当時、習氏に対して全員が忠誠と寵愛を競い合う「習王朝」のような今日の姿を、私は想像できていませんでした。

中国に続き、米国も権力をめぐる一大イベ

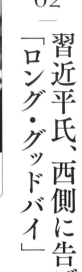

ントを迎えます。２０２２年11月８日の中間選挙まで２週間を切る最終ホームストレッチに入り、民主党は夏の押せ押せムードが息切れしました。共和党優勢の情報が相次ぎ、バイデン政権は焦りを隠せません。

最後はインフレが最大の争点になると予想してきましたが、それほど的外れではなかったようです。民主党がいまひとつ締まらない理由の一つに、２０２４年の次期大統領選挙に向けた展望を描けていないことがあります。

「再び出馬するつもりだ」。バイデン氏は２０２２年10月21日のＭＳＮＢＣテレビのインタビューで２期目をめざす意向を示しました。「正式に決断していないのは、その瞬間から（法律上の）規制がかかるからだ」と説明。ジル夫人の賛同を得ていると説明しました。

その言葉を額面通りには受け取れません。同年11月20日に80歳となるバイデン氏は相変わらず人気が高まらないからです。不支持率は50％を超え、支持率を約12ポイント上回っています。トランプ前大統領が相手なら自分に勝ち目があるとバイデン氏本人も自覚していますが、米国人の多数意見は「その再戦カードは見たくない」でしょう。

「次」の本命候補であるはずのカマラ・ハリス副大統領も振るいません。不支持率は50％超で高止まりしています。民主党は本来なら、次世代を担い、女性で非白人のハリス氏にうまくバトンタッチさせたいところです。ところがハリス氏を候補とすれば大統領選だけでなく、同時に実施する議会選挙でも民主党が勝つ算段がつきません。

しかも、現実にナンバー2の地位にいるハリス氏の存在を無視して「その次の候補」の議論を進めることは、口で言うほど簡単ではありません。安易に事を運んで人のメンツを潰せば、党内が分裂し、共和党と戦う前から自滅しかねないからです。

「きょうは会えてよかった」。2022年10月16日の日曜日、スミソニアン航空宇宙博物館でアポロ計画の展示を見ていた私は隣に来た男性に話しかけ、思わず握手を求めました。運輸長官のピート・ブティジェッジ氏でした。警護に促され、笑顔で立ち去りました。

ブティジェッジ氏は20年大統領選の民主党予備選で善戦し、バイデン政権では供給網強化やインフラ投資といった重要案件を担う閣僚として着々と経験を積んでいます。年齢は40歳。リベラル層が期待を寄せる「将来の大統領候補」の1人です。

残念ながら、宗教保守層の影響が強い米国でブティジェッジ氏がすぐに大統領に上り詰めるのは難しいでしょう。同性愛者を公言しているからです。この日もパートナーの男性と、養子に迎えた子供を乗せた乳母車を押していました。政権を握る優位な立場にありながら、民主党は国民の過半が納得する候補を探しあぐねています。

ブティジェッジ氏と遭遇した日、私は北京で始まった共産党大会での習氏の活動報告を読み込み、「これは中国から西側への『ロング・グッドバイ』だな」という感想を抱きました。

過去10年の習氏の路線を修正するどころかさらに強化し、「中国式」で「強国」への道を突き進むと宣言する内容だったからです。

「未来を実現する唯一の方法は、未来を形成する権力を握ることである。絶対権力の保持者は予言しうるだけでなく、その予言を実現できる。そして、嘘をつき、その嘘さえも実現できる」。米哲学者エリック・ホッファーはこんな警句を残しました。

未来を描き出す強力なリーダーを欠く米国は、習氏の目には弱く、衰退している国と映るかもしれません。しかし、絶対権力者を生まず、自由に意見を表明できることこそが民主主義の健全さでしょう。ホッファーは、こんな言葉も残しています。

「スターリンやヒトラーのような人物が権力によって自分の予言を実現しうるとき、一般の人たちの生活は予測不可能なものになる。予測と富は同じようなものであるという格言には、多くの社会的真理が含まれている。ひとり占めする者がいるとき、残りはほとんどなくなってしまうのだ」

桃井さん、習氏の顔しかみえなくなった中国は、経済を犠牲にしてでも政治目標の実現を優先することに、ためらいを感じなくなったようです。北京の一般の人々の言葉や行動の端々に、「予測不可能」へと向かう未来への不安はみえませんか。

桃井裕理からの返信

大越さん、こんにちは。中国新指導部の顔ぶれが発表になりました。詳細に分析しましたが、党中央政治局員24人中19人が習近平党総書記と関係のある「習派」に分類できます。残り5人のテクノクラートや理論家も習氏に忠誠を誓っているため、彼らも含めれば全員「習派」。危険な政治体制ではないでしょうか。

さて、大越さんが提起したこの言葉は今、まさに中国のリアルです。「スターリンやヒトラーのような人物が権力によって自分の予言を実現しうるとき、一般の人たちの生活は予測不可能なものになる」

最近は綿密な予定を立てることにあまり意味はなくなりました。

このメールを書き始める直前にも突然、友人から連絡がありました。新型コロナウイルス感染者と濃厚接触したことが判明したため、これからバスで隔離施設に連れていかれるのだそうです。隔離は7日間。週末に会うはずでしたが、予定はキャンセルになりました。よくあることです。

出張先や旅行先の街で感染者が出たために、いつ北京に戻れるかわからなくなる人も周囲で続出しました。

2022年春、上海市では事実上の都市封鎖（ロックダウン）で食べるものがなくなる人や健康を損なう人たちが相次ぎました。そこまで深刻ではないにしても、中国全土では今、多くの人々が日常生活を暴力的に壊されています。

そして、それはおそらくただ一人の決断の結果です。

みな不満は持っています。しかし、その不満を形にすれば自らの人生を失い、家族も傷つけてしまうでしょう。大半の人は自嘲気味に現状を受け入れるしかありません。新型コロナ陽性の「陽」の字は中国語では「yang」と読みます。そのため、ネット上で人々は「陽性」を同じ発音を持つ「羊」の絵文字で表します。行先も知らされず、ただバスに詰め込まれ、閉じ込められる運命は羊と変わりありません。

中国共産党大会の直前、北京市内の陸橋に「ロックダウンは不要・自由が必要」などと書かれた横断幕が掲げられました。実行した男性は海外で「ブリッジマン」と呼ばれ、その勇気を称賛されていますが、現場から公安に連れ去られたまま、今も消息不明です。

海外のSNS上には、中国各地でブリッジマンに追随する批判行動が起きている様子がアップされています。張り紙をこっそり貼っておくなどうまく身を隠しているようですが、監視社会の中国ではいつ当局に把握されるかわかりません。勇気ある行動ですが、非常に危険です。

大越さんが指摘したように、習氏は党大会の活動報告で西側社会に「ロング・グッドバイ」を告げました。でも、私たちは決して中国にお別れを告げてはいけないのだと思います。西側諸国が中国から離れていったとき、中国で勇気をもって行動した人々は本当に孤立無援になってしまいます。北京のブリッジマンやそれに続く人々を見捨てないためにも、自由な社会に生きている人々は中国の人々のことを考え、声を上げ続けなければならない。そう思います。

（2022年10月27日）

［2022年12月8日］

中国

03

習近平氏が真に恐れる「陰謀論」と今そこにある危機

上海協力機構、ウズベクで首脳会議（2022年9月）
=代表撮影／ロイター／アフロ

読者のみなさん、大越さん、こんにちは。前回の往復書簡から中国ではいろいろなことがありました。ゼロコロナ政策への抗議活動や江沢民元国家主席の死去などです。

抗議活動の後、ゼロコロナ政策は一気に緩和されました。無症状者の集中隔離や都市間移動の際のＰＣＲ検査といった行き過ぎた措置が一斉に廃止されるそうです。これは中国政府が今後「感染者数ゼロ」という絶対目標にこだわらないことを意味します。事実上のゼロコロナ政策からの脱却といえるでしょう。

しかし、中国政府の方針転換は中国が民主主義的な方向に傾いたことを意味するわけではありません。中国の地方ではこれまでも土地や金銭、環境問題などにまつわる抗議活動は時々発生していました。その際、党中央は地方政府や企業を厳罰に処し、自らは「人民の味方」という姿勢をアピールする手法をしばしば採用してきました。

今回も、行き過ぎた措置を実際に実施していたのは地方政府であり「党中央が迅速に是正した」と総括すればよい話です。習近平国家主席の権力基盤にも影響はまったくないでしょう。習氏はすでに軍、司法・公安、党組織など権力の要所をすべて支配しています。中国には選挙もないため、庶民の不満が広がっても党内で確立された地位が揺らぐことはありません。

一方で、今回の抗議活動は中国の方向性に深刻な影響を与える可能性があります。

今回、抗議していた人たちの不満は2種類に分類できました。「目の前のゼロコロナへの怒り」と「自由や民主主義への渇望」です。中国共産党にとって前者は決定的な脅威ではないと思われます。目の前の不満を解消すれば、それ以上の声はあげずに日常に戻っていくと判断しているためです。

後者については絶対に許容することはありません。しかも習氏にとってトラウマになるほどの大きな衝撃をもたらした可能性があります。

習氏が党総書記に就任して以来の10年間、習氏を権力掌握へと突き動かしてきた主要な動機に「恐れ」があると考えています。それは民主主義陣営が仕掛ける「カラー革命」への恐れです。……というと「なんだ、今さら」と思われるかもしれませんが、習氏は就任直後から様々な場面で「カラー革命」への警鐘を鳴らし続けてきました。あまりにたびたび発言するので改めてニュースになることも少ないですが、その発言の回数や表現の強さは「強迫観念にかられているのではないか」と思えるほどです。米ニューヨーク・タイムズ紙は米高官の発言を引用し、習氏がオバマ元米大統領と会談した際「中国がカラー革命の対象だとしきりに訴えていた」ことを報じました。

「カラー革命」とは2000年代にウクライナ、ジョージア、キルギスといった旧ソ連圏の国で民主主義を求めて連鎖的に起きた政変です。習氏の発言は主に以下のようなパターンに分けられます。

「今、敵対勢力は中国で『カラー革命』を起こそうとたくらみ、中国共産党の支配と社会主義制度を転覆しようと画策している」(↑西側陰謀論)

「彼らが狙う突破口はイデオロギー分野だ。人々の思想を攪乱しようと謀略を巡らせている」(↑イデオロギー侵略への危機感)

「西側敵対勢力は我々の軍隊の西側化、分断化、非党化を狙い、あらゆる手段で軍隊に政策を浸透させようとたくらんでいる。中国でカラー革命を起こすには軍を切り離す必要があることをわかっている」(↑人民解放軍切り崩しへの危機感)

習氏は中国共産党大会を目前とした2022年9月、2年8カ月ぶりに外国を訪問して話題となりました。ウズベキスタンで上海協力機構(SCO)首脳会議に出席するためです。党大会前の微妙な時期にあえて外国訪問を解禁した背景にも「カラー革命」への強い懸念がありました。

中央アジアの国々は中国からみれば「カラー革命」の波及を防ぐ最前線にあります。これまではロシアがにらみを利かせていましたが、ウクライナへの侵攻のために他国の支援をする余裕を失ってしまいました。それどころか、今やロシアで民主化革命が起きる懸念のほうが強いといえます。習氏がまとめあげるしかありません。

習氏はSCO首脳会議での演説で5つの協力項目を掲げました。一番目が「外部勢力による『カラー革命』画策への防御」、二番目は「テロ対策など安全面での協力」です。加盟国のために今後5年間で2000人の法執行官を訓練し、対テロに向けた訓練基地を建設するとも宣言しました。

「カラー革命」への危機感は、国内でも習政権の根幹を成しています。

2022年10月の党大会で、習氏が「国家安全」という言葉に何度も言及したことが話題になりました。この考え方は習氏が就任直後から一貫して提起してきたものです。2014年には自らを主席とする「中央国家安全委員会」を立ち上げました。通常、党の委員会は習氏がトップでも肩書は「主任」にとどまります。「主席」と呼ばれるのは国家安全委員会が中央軍事委員会と並ぶ重要な存在であることを意味します。

中央国家安全委員会の活動は秘密のベールに包まれていますが、重要政策のすべてに関わっていることは間違いありません。習氏は「総体国家安全観」という幅広い概念も打ち出しました。伝統的な安全保障や海洋戦略のような国土に関わる問題から経済、科学技術戦略、思想統制、ネット監視、治安維持などあらゆる分野と政策を連携し、国家の安全を守る考え方といえます。

習氏は「国家安全の根本は政治の安全である」と定義しています。2013年の党内会議ではこう説明しました。「政治の安全の核心は政権の安全と制度の安全だ。すなわち中国共産党の統治と中国の特色ある社会主義を守ることにある」。そして習氏は幹部らに問いかけました。「もしある日、目の前で『カラー革命』が発生したら、あなたたちは決然かつ毅然として立ち上がり、党の統治と社会主義を守ることはできるのか?」

習氏はこの10年間、あらゆる政策資源を投入して「カラー革命」を排除する仕組みを築いてきたはずでした。ところが、今回の抗議活動はその成果への疑念を突きつけました。

参加者たちはゼロコロナへの不満を表明したにとどまらず、言論の自由がないことへの抗議の意味を込めた「白い紙」を掲げました。そのため「白紙革命」と命名され「カラー革命」になぞらえる声も出ています。陰謀史観に立つ習氏の目からみれば、間違いなく米国が仕掛けた「カラー革命」にみえているはずです。

10年間かけて徹底して守りを固めてきたはずだったのに、いつの間にか首都・北京を含む大都市に入り込まれてしまった——。習氏の心胆を寒からしめるのに十分な出来事ではないでしょうか。習氏が改めて「国家安全」の再構築、再強化に乗り出す可能性は十分にあります。そうなれば、監視や弾圧、言論・思想の統制、ネット規制がさらに加速し、民主主義社会との乖離《かいり》が進むのは避けられません。

「カラー革命」を巡る習氏の米国陰謀論は足元の米中関係を受けた対米牽制や方便ではないと考えています。この「恐れ」そのものが習氏のイデオロギーではないでしょうか。2年半前、香港で習氏が民主化運動を弾圧し「香港国家安全維持法」制定を断行した際、西側陣営の多くの有識者が「習氏もさすがに国際社会に配慮して強硬手段はとらないだろう」と見誤りました。香港での攻防は習氏にとって「カラー革命」との対決であり、決して譲ることのできないイデオロギー闘争でもあった——、この点を理解していなかったからかもしれません。

大越さん、米国にとって習氏の陰謀論はどうみえているのでしょうか。

大越匡洋からの返信

桃井さん、こんにちは。歴史の節目に立ち会っているのかもしれませんね。「カラー革命」の背後には人民を唆し、目障りな国の安定を損なおうともくろむ米国がいるという「陰謀論」は、中国では一般に流布しています。そういう発想に基づかなければ、逆に「戦略的な思考ができていない」と笑われるくらいです。

十数年前に北京に留学するまで、私は中国のそうした「陰謀史観」は「たとえ体制側にミスがあっても、それはすべて海外の反中勢力による工作のせいだ」と言い訳するための口実だと考えていました。しかし、いまは違うと分かります。

桃井さんが指摘するように、本気で怖がっているのでしょう。自分たちに制御できない力が広がり、「王様は裸だ」という言葉に体制が脅かされることに。選挙というお墨付きでもあれば少しは枕を高くして眠れるのでしょうが、専制国家は権力の正統性を保つことに民主主義国家よりもある意味、神経をすり減らします。
強権で言論を封じれば封じるほど、誰かが陰で体制転覆をたくらんでいるのではないかという、歴史上の独裁者に共通する猜疑心にさいなまれます。多様性より同質性を求め、周囲にイエスマンばかり配置しても、その病は癒えません。

中国共産党の官僚は優秀です。市民の不満は分かっていたはずなのに、なぜ「ゼロコロナ」政策の緩和に出遅れたのでしょう。5年に1度の共産党大会を今秋に控えていたからとか、国産ワクチンにこだわっていたからとか、いろいろ「理屈」を想像することはできます。ただどれも本質とは思えません。米国の専門家の解説で腑《ふ》に落ちたのは、たったひと言でした。「習近平氏がそうしろと言ったから」

今回の抗議活動が起きる前から、習指導部がゼロコロナ政策を緩和しようとしていたのは確かでしょう。とはいえ、２０２２年10月の党大会でゼロコロナ政策を揺るがすことなく堅持すると明言したのは、ほかならぬ習氏でした。

米国は人権活動家やＮＰＯなどを様々な形で支援して「西側」の民主主義や価値を広めており、中国がそれを体制への圧力と感じるのは分かります。米国の民主主義そのものも暴力や嘘が蔓延し、手放しで褒められたものではありません。それでも、民主主義社会が持つしなやかな復元力を現場で感じることがあります。

「つながったのは13件ほど。信じられないことに『すでに11月に投票したよ』と答えた人が3人もいた」。民主党員のキャシーは先日、10月6日の決選投票に持ち込まれたジョージア州の上院選への投票を呼びかける電話勧誘の様子を話してくれました。

決選投票の仕組みを知らない有権者が地元にそれだけいたことに驚きますが、それでもキャシーはニコリと笑います。「私の電話で少なくとも3人は投票に行くことになった」。草の根の意見でたたくからこそ、民主主義は強く鍛えられるのでしょう。

中国を唯一の競争相手とみる米国にとって、中国が国力を衰えさせることは願ったりかなったりです。習氏に権力を集中させ、体制を守るために経済を犠牲にし、「陰謀論」に駆られて多大なコストを払う中国に、米国の当局者はほくそ笑んでいます。

これは「陰謀論」ではありません。

（2022年12月8日）

［2023年6月8日］

米国

04

「雪解け前」に荒れる台湾海峡

台湾海峡通過の米駆逐艦 中国戦艦が「異常接近」（2023年6月）
=米海軍提供／ロイター／アフロ

読者のみなさん、桃井さん、こんにちは。

白く泡立つ航跡を刻みながら左側を追い越していった一隻の船が右にカジを切り、鼻先をかすめるように横切っていく――。米軍が公開した動画には、米ミサイル駆逐艦「チャンフーン」の前方150ヤード（約137メートル）を暴走する中国軍駆逐艦の姿が映っていました。衝突を避けるため「チャンフーン」は10ノットに急減速しました。

2023年6月3日に台湾海峡で起きた事件です。海軍で軍歴を積んだ米国家安全保障会議（NSC）のカービー戦略広報調整官は5日、「私も古い船乗りだが、150ヤードはかなり近い。安全ではないし、プロフェッショナルでもない」と中国を非難しました。「誰かが傷つく日は遠くない。誤解を招き、誤算につながる可能性がある」とカービー氏は言葉を継ぎました。まさに危機一髪だといえます。

対する中国は「中国軍の行為は完全に合理・合法的、安全でプロフェッショナルだ。中国は関係国が台湾海峡で問題を起こすことに断固反対し、国家の主権と安全、地域の平和と安定を守る」（中国外務省報道官）。台湾海峡は波高しです。

その余波が続くなか、ブリンケン米国務長官が2023年6月中にも中国を訪問する見通しとなりました。中国偵察気球事件を受けて2月上旬に予定していた訪問を延期し、中国との対話は途絶えました。米中関係の現在地は一体どこにあるのでしょうか。

バイデン大統領は同年5月、米中関係について「間もなく雪解けが始まるだろう（I think you're going to see that begin to thaw very shortly.）」と述べています。では米中融和の時代が来るのでしょうか。私はそうは思いません。

ブリンケン氏の中国訪問は2022年秋の米中首脳会談の合意事項です。これが実現してようやく、大きくマイナス圏に冷え込んでしまった米中関係はお互いに普通に会話を交わすゼロメートル地帯に近づくだけです。水面上で息をつくには至りません。

衝撃を広げた中国軍艦の「危険運転」事件は、シンガポールで開かれていたアジア安全保障会議（シャングリラ会合）で中国の李尚福国防相がオースティン米国防長官からの会談の申し出を袖にした衝撃の余波が残るなかで表面化しました。

会談拒絶と危険運転。この2つだけみても、米中間の溝は極めて深いです。

一方で、米中央情報局（CIA）のバーンズ長官が2023年5月に極秘訪中していた情報が漏れ伝わりました。さらに「危険運転」事件の翌6月4日からクリテンブリンク国務次官補（東アジア・太平洋担当）とNSCのベラン中国・台湾担当上級部長が北京入りしました。

米政府高官の北京訪問は調整に一定の時間がかかります。2023年5月10～11日にサリバン米大統領補佐官と中国外交トップの王毅氏がウィーンで協議して以来、米中は中国気球事件で途絶えた意思疎通のパイプを繕う努力を続けてきたことは確かです。

「中国の行動は言葉よりずっと雄弁だ」。以前、米政府高官に中国側の言葉をどれだけ信じることができると思うかと尋ねたとき、こんな答えが返ってきました。

中国が米国との国防相会談を拒んだのは、米国が李国防相を制裁対象にしていることが第一の理由です。しかし、それだけでしょうか。世界の安保関係者がアジアに集う、いわば衆人環視の場で断ってみせる「行動」に意味があったのだと思います。

米中「雪解け」への期待が高まっているからこそ、中国は譲れない一線を国際社会にはっきり示す必要があると考えるでしょう。「危険運転」の政治的な意図に関しては議論の余地があることは認めますが、結果として「台湾問題は核心的利益の中の核心」という中国の意思を行動で示しました。

「台湾問題について中国の厳粛な立場を全面的に詳しく説明した」。サリバン・王毅会談以降も、中国側の発信から読み取れるのは、米国による台湾問題での譲歩を対話再開の条件として突きつける姿勢でした。

もっとも、米国も「力による一方的な現状変更は認めない」という一線は譲れません。2023年5月の主要7カ国首脳会議（G7広島サミット）の首脳宣言でもうたい、国際社会の世論形成を進めました。

法の支配という秩序の根幹に関わり、この原則を巡って譲歩すればウクライナを侵略するロシアを非難する根拠も失います。「デカップリング（分離）」を「デリスキング（リスク低減）」と言い換えることとは次元が異なります。

米中が対話再開を探るにつれて双方の水面下での応酬が激しくなり、それが波を高める局面となりました。

サリバン氏は2023年6月4日、CNN番組のインタビューで中国戦略について再び丁寧に語りました。「我々は台湾の独立を支持しないと公言してきた。我々が支持するのは、台湾、中国のいずれも一方的に現状を変更しないように努めることだ」。高まる波を避けるため、決着できない問題は従来通り棚上げしておくという知恵でしょう。

長期に続く競争が衝突につながる事態を阻むためには、台湾海峡の波間に漂う「オリーブの枝」（和解の印）をつかみとる必要があります。それは相手のいいなりになる「宥和」ではなく、世界の不幸を回避するための知恵と勇気を絞り出す対話です。

「オリーブの枝」が漂う潮流を方向付けるのは米中の当事者だけではありません。それぞれの友好国や同盟国、さらには独自の立場で力を増す新興・途上国でしょう。米中にとって外交劇の「聴衆」を味方に付ける筋書き作りが一段と重要になります。

桃井さん、バイデン政権は2023年6月下旬、インドのモディ首相を国賓としてホワイトハウスに迎えます。戦闘機エンジンの共同開発などの「実利」を用意し、米中対立劇の「聴衆」の筆頭格であるインドとの関係強化を急ぎます。国境を接する中国はかつて戦火を交えた因縁浅からぬ仲です。中国はインドとどのように向き合う戦略ですか。

桃井裕理からの返信

大越さん、こんにちは。

米中の対話が再び動き出していますね。大越さんのご指摘どおり、それは米中融和や蜜月を意味するものではないと思います。中国は米国が対中融和策に二度と回帰しないオプションへの覚悟は固めています。そして台湾海峡でめざすところは「現状維持」ではなく「台湾統一」です。残念ながら、台湾海峡に「オリーブの枝」は最初から浮かんでいない恐れもあります。そのなかでどうしていくのか――。我々にできるのは、残念ながら「不幸を最小限にする」ことだけかもしれません。

さて、中国はインドにどう向き合うのか。これはなかなか難しい問題です。インドとの関係は、中国が今もっともアタマを悩ませている外交課題の一つといえます。

両国の国境では2017年6月以来、緊張関係が続いています。2020年には死傷者が出る武力衝突にも至りました。それでも、中国は「実利を追求するインドは外交や経済分野では融和を図るだろう」と期待していた節があります。しかし、インドは中国のそんな期待を大きく裏切りました。

最近では中国との対立を恐れない措置が目立ちます。たとえば、インドは同国に駐在する中国の記者へのビザ発給や更新を大きく制限しています。これについては、中国側も中国に駐在するインドの記者へのビザ厳格化で対抗しています。2023年5月末には、インドは7月に同国で開くはずだった上海協力機構（SCO）首脳会議をオンライン開催にすると発表しました。中国にとって、同年のSCO首脳会議のインド開催は中国を取り巻く国々との結束を誇示できる絶好の機会だっただけに、痛恨としかいいようのない事態となりました。

中印をつなぐ絆だった経済関係も揺らいでいます。一時は、習近平政権とモディ政権のタッグのもとで蜜月状態といわれました。しかし、モディ政権は今や「脱中国」路線をひた走っています。2020年には中国企業の投資に事前審査制を導入し、中国の大手企業の対インド投資が滞るようになりました。

インドの姿勢が豹変《ひょうへん》した背景には、台頭するインドの自信を背景としたモディ政権の「自立したインド」政策や「メイド・イン・インディア」政策がありますが、それを支えているのは米欧・日本陣営のインド重視です。今までのように「過度の中国依存」というリスクをおかさなくとも、米欧や日本からの投資が見込めると考えているのです。

人民日報傘下の「環球時報」が2023年4月末に発表した論文からは珍しく中国

側の焦りがにじみ出ていました。タイトルは「中印軍長級会談は18回も開かれている。それ以上、何を説明することがあるのか」です。そこではこんなことを強調していました。「領土問題はあっても中印関係は良好で、じっくり話し合いながら解決策を見いだせる」「米国は中印間の問題につけこんでインドを取り込もうとしているが、それはインドを陥れる道である」。こんな期待も示されていました。「インド世論は中印の国境問題について情緒的でやかましい声であふれているかもしれないが、インドの政策決定者は明確な戦略意識と理性を保持している。特に、ワシントンの強力な誘惑やアメとムチに対して、ニューデリーは終始一貫して戦略的自主と外交的独立を堅持し、大国が持つべき風格と規範を示すだろう」

残念ながら、こうした中国の期待がかなう可能性は小さいと思われます。それは、この論文が指摘したように、インドが「終始一貫して戦略的自主と外交的独立を堅持し、大国が持つべき風格と規範を示す」からです。インドにとって米国と中国がにらみ合う今は、インドが掲げる「戦略的自律」を確立する大きなチャンスなのです。米国と中国が対立しているからこそ、そのどちらにもくみさない姿勢を誇示することで双方から協力や譲歩を引き出すことが可能となるのです。

インドは米欧や日本と協力関係は深めつつも、完全に米国陣営に入ることはないでしょう。一方で、中国との蜜月に戻ることもないでしょう。ただし、その姿勢は今、どちらかといえば中国に対して厳しめに出ています。領土問題が背景にあるのは間違いありません。

インドは簡単に米国陣営に入らない――。そうはわかっていても中国にとっては気が気では無い状態ではないでしょうか。もしかしたら今後「中国が領土問題で譲歩してみせる」という珍しい展開がみられるかもしれません。

（2023年6月8日）

［2023年7月6日］

米国

05 対「独裁者」外交、半減したバイデン氏の持ち時間

米イエレン財務長官と中劉鶴副首相、スイスで会談（2023年1月）=ロイター／アフロ

読者のみなさん、桃井さん、こんにちは。愛国心をかき立てる7月4日の独立記念日が過ぎ、米国は早くも夏休みシーズンに入りました。オンライン上で60ドル（約8700円）に値付けされた「アメリカ製」のTシャツは売り切れが続いています。

2026年のこの日は独立から250周年となります。歴史の記念碑として「the Semiquincentennial」をことほぐ次の大統領は、誰になるのでしょうか。

「我々が力を合わせればできないことなどどな

い。我々はあらゆる危機を乗り越えてきた。世界のどの国とも違い、過去247年間に直面したあらゆる危機を乗り越えてきた。今回もそうだ」。再選をめざす80歳のバイデン大統領は2023年7月4日、こう訴えました。

正直、不安です。バイデン氏は最近も「ロシアは〝イラクでの戦争〟に負けている」と話したり、頬に残ったゴム痕から睡眠時無呼吸症候群の治療のために医療器具「CPAP」を使っていることが発覚したりしました。米軍最高司令官の高齢不安は濃くなることはあっても、薄れることはなさそうです。

「失言（gaffe）」という言葉とともにネット検索すると500万件前後がヒットするバイデン氏は2023年6月20日、中国の習近平国家主席を「独裁者」と呼びました。選挙資金集めの会合での発言です。支持者の受けを狙った失言でしょうか。

そうではないでしょう。ブリンケン国務長官がバイデン政権の閣僚として初めて中国を訪問し、習氏に「引見」されて秋の米中首脳会談の実現へ地ならしを進めた直後だっただけに、中国政府筋は「理解不能だ」とこぼしました。

しかし、習氏を「独裁者」と呼ぶこともバイデン氏の本音なら、中国との不測の衝突を避けるために意思疎通を重ねたいという意向も本物だと考えます。

ブリンケン氏に続き、イエレン財務長官が2023年7月6日、中国を訪問します。イエレン氏は習指導部との「接点」を増やし、競争を「管理」し、連携への「協力」に強い意欲を示してきました。ケリー米大統領特使（気候変動問題担当）やレモンド米商務長官も訪中を準備しています。

同時に、バイデン政権は安全保障を理由に半導体の対中輸出規制などを強化する「デリスキング（脱リスク）」を掲げ、「産業政策」と称して米国第一の国内投資優遇に傾斜しています。

言動がちぐはぐに見える1つの原因は、中国との競争関係を「安定」させるためにバイデン政権がもともと思い描いていた手筋に狂いが生じているからでしょう。

2024年大統領選に精力を注ぎたいバイデン政権は本来、2023年2月のブリンケン氏の訪中を手始めに夏場までに閣僚を相次いで訪中させ、対中関係を「安定」させる腹積もりでした。

そのうえで一連の対話の仕上げと位置づけているのが、2023年11月に米国で開くアジア太平洋経済協力会議（APEC）首脳会議に合わせた習氏との首脳会談の実現です。

米側が費やせる「持ち時間」には事実上、夏場までという制約があります。夏以降は大統領選に向けた民主、共和両党内の討論会や集会が一気に本格化します。中国との対話を強調するほど、政敵から「宥和《ゆうわ》策だ」と攻撃されかねません。

ところが2023年2月の中国の偵察気球事件で米中の対話は止まり、ブリンケン氏の訪中は6月中旬までずれ込みました。大統領選に向けた政治日程は変わりません。中国との関係安定に使える米国の「持ち時間」はざっくり半減してしまったわけです。

米国は「独裁者」のリスクに改めて向き合う必要にも迫られています。

「ロシアで起きた最近の動きは中国指導部を不安にさせただろう」。バイデン政権のカート・キャンベル・インド太平洋調整官は指摘しました。

最近の動きとは「ワグネルの乱」にほかなりません。たった1日で腰砕けになったとはいえ、「軍閥」が首都モスクワに200キロに迫る距離まで進軍する事態は、強権を振るってウクライナ侵略を続けるプーチン大統領の統治の不安定さを露呈しました。

中国と手を携えるロシアの衰退は、長い目でみれば中国と競う米国にとって有利な材料となります。だからといって喜んでばかりもいられません。

私たちが直面する中国のリスクとは何でしょう。米国に並ぼうとする経済・軍事大国が中国共産党の一党支配という特異な体制を守ることを何より優先し、国家の意思決定をめぐる予見可能性がゆがみ、世界に混乱をもたらすことではないでしょうか。

習氏は自分1人に権力を集中させ、「国家安全」という名の体制維持を重視してきました。その結果、後継者候補を含め、習氏の挑戦者になり得る人物を指導部内から一掃しました。プーチン氏が弱さを白日にさらしたように、習氏個人の力に衰えが浮かべば、体制そのものがガタつきかねないもろさをはらんでいます。

「独裁者」の長所をあえて挙げれば、力による安定の実現でしょう。力を信奉するだけで安定さえもたらせない「独裁者」に国民が付き従う理や利があるでしょうか。

2023年6月下旬のインドのモディ首相の訪米で「アジア外交」にひと区切りつけたバイデン氏は7月9～13日に欧州を歴訪します。リトアニアの首都ビリニュスで開く北大西洋条約機構(NATO)首脳会議に出席するほか、フィンランドの首都ヘルシンキで北欧首脳との会合に臨みます。「独裁者」の実力が話題になるのは間違いありません。

桃井さん、「ワグネルの乱」を経た今、中国の習指導部は「限界がない友情」を誓ったロシアのプーチン体制の現状と行方をどう評価しているのでしょうか。

桃井裕理からの返信

大越さん、こんにちは。

「ワグネルの乱」は初報を聞いて驚いているうちに、プリゴジン氏がベラルーシに出国し、あっという間に収束してしまいました。その間、中国の対応は実に淡々としたものでした。

ニュース発生時の動きは特になく、表向きには他の関係各国のようにはプーチン氏との連絡もとりあいませんでした。そして、ほぼ事態が収束した2023年6月25日、ロシアのルデンコ外務次官が北京を訪問して秦剛外相と会談し、「共に関心を持つ国際・地域問題について意見交換した」と発表しました。中国外務省の記者会見も「ワグネルはロシアの内政であり、中国側はロシアの国家安定維持を支持する」と簡単に説明しただけでした。

中国の姿勢は明らかにワグネル事件から一歩引いたものでした。だからといって中国が弱体化したプーチン氏に冷たい態度を取り始めたというわけでもありません。ワグネル事件がプーチン氏の威信をさらに低下させたのは間違いありませんが、中国の対ロ方針に何らかの変更をもたらしたということはないとみています。

2022年2月の冬季北京五輪の際、習氏とプーチン氏は共同声明で両国の友情に「限界はない」と宣言したため、2人の関係はまるで「血の同盟」のような結束とみられがちですが、中ロはもともと是々非々のつきあいです。「不当な圧力」を強める米国の前では「無限の友情」が前面に出てきますが、中ロ2カ国だけの付き合いになれば互いに激しく牽制しあう仲といえます。

ワグネル事件にあたり、中国は隣国の混乱がどう波及するのか慎重に見極めていました。もし事件が長期化していれば、自国が火の粉をかぶらないためにもいずれは何らかの関与に動いたでしょうが、プーチン氏と心中するような選択肢もなかったはずです。

そもそも中国は「弱いプーチン氏」のもとでそれなりに利点を享受しています。

中国がロシアからの資源・エネルギー輸入を拡大しているのはみなさんご存じのことだと思います。それだけではありません。習氏は2023年3月下旬にモスクワを訪問してプーチン氏と会談しましたが、その際に2人が署名した「新時代の全面的戦略協力パートナーシップの深化に関する共同声明」と「2030年までの中国・ロシア経済協力の重要方針発展計画に関する共同声明」を見たときは思わず笑ってしまいました。

細かい話が多いのであまりニュースにはなりませんでしたが、ガス、石炭、電力、原子力エネルギー分野での協力推進や農産品・食糧貿易の多様化と拡大、物流の相互連結や貿易・投資・融資などで現地通貨決済比率を高めること——。すなわち、プーチン氏が警戒してずっと実現してこなかった中国側の願望であり、中国のヒト・モノ・カネがロシアに浸透していくうえでの橋頭堡ともなり得る項目がずらりと盛り込まれていました。プーチン氏は明らかに足元をみられているのです。あまり美しい「友情」にはみえません。

とはいえ、中国としてもプーチン政権が崩壊してロシアが大混乱したり、ロシアが民主主義体制になったりするのは、絶対に避けたい事態です。中国自体が不安定になりかねないためです。というわけで、習氏は今後も様々な形をとりながら、水面下でプーチン政権を支えていくと思われます。それは「ワグネル事件」におけるプーチン氏の失態の後も変わらぬ姿勢だと考えています。

それにしても、バイデン米大統領の健康問題はいくら押さえ込んでも出てきますね。習近平国家主席は2023年6月15日に70歳の誕生日を迎えました。米大統領が80歳代でもOKなら、習氏もあと10年は現役の指導者でいたとしても、年齢上の問題はないことになります。この点ではバイデン氏やトランプ氏を心から応援しているのではないでしょうか?

（2023年7月6日）

[2023年6月22日]

中国

06 習氏の大誤算 インドが中国の「ウクライナ」になる日

蜜月時代の習氏とモディ首相（2014年9月、習氏のインド訪問時）=ロイター／アフロ

読者のみなさん、大越さん、こんにちは。

今週は米中を巡る外交が様々に動く1週間となりました。

まずは5年ぶりとなったブリンケン米国務長官の訪中です。当初から「会うことが目的で、局面を変えるようなものではない」とされており、まともな外交成果はありませんでしたが、米中双方がそれなりにそれぞれの「目的」は果たしたようです。

まずは中国側です。次の写真は、2023年6月19日に人民大会堂で開かれた習近平国

ブリンケン米国務長官が訪中、習主席と会談（2023年6月）＝代表撮影／ロイター／アフロ

家主席との会談時の様子です。一般に中国の指導者が外国要人と会う際はソファーを並べて隣に座る様式が多いですが、今回は習氏1人が正面のテーブルに座り、米国陣営と中国陣営は左右で向かい合うスタイルとなりました。まるで中国共産党の学習会のようです。習氏が抱く世界観を具現化し、国内外に誇示してみせたといえます。

一方、アピールという面では、米国側も地味ではありますが、取るべきものは取りました。2023年6月18日に合意した米中直行便の増便です。これは以前から米国ビジネス界が強く要望していた項目でした。

中国でビジネスをする米国企業の多くは米中関係の改善を望んでいますが、バイデン政権としては来年の米大統領選を控え、世論受けのよい対中強硬姿勢は崩すわけにはいきません。一方、中国発着の航空便は新型コロナウイルスの余波で大幅に減便されたまま、なかなか再増便されず、中国に出張するビジネスマンは大変な不便を強いられていました。バイデン政権は対中強硬姿勢は維持しつつ、ビジネス界への具体的なアピール材料を確保したといえます。

とはいえ、このような内向き外交はやはり「前菜」にすぎません。メインディッシュはなんといっても2023年6月20日から始まったインドのモディ首相の訪米でしょう。米国は当然、インドの後ろに中国を見据えています。

そこで今日は改めて、米中対立下における中印関係を考えてみたいと思います。

今回のモディ氏訪米は習政権に大きな打撃を与えました。首脳会談の目玉がインド軍戦闘機の共同生産や米製軍用ドローンの供与といった軍事協力となったためです。

中国共産党はこれまで西側勢力の浸透や旧共産圏諸国でドミノのように起きた民主化運動「カラー革命」の波及を恐れ、中国の周囲に何重にも地政学上、概念上の「安全空間」を創出してきました。いわば「万里の長城」に通ずる防衛思想といえます。そして、その実現にはロシアや中央アジア、インド、東南アジア、北朝鮮など中国を取り囲む国々が最低でも「非米」である必要がありました。

それにもかかわらず、4000キロメートル近い国境を接する隣国インドが米国との軍事協力に乗り出すとすれば、中国にとっては考えたくない悪夢です。コツコツ築き上げてきた「万里の長城」が崩壊する「アリの一穴」ともなりかねません。

ここで第1の疑問です。モディ氏は首相就任直後の数年間、習氏との蜜月関係で知られていました。なぜこのような事態に陥ったのでしょうか。

直接的なきっかけは2020年6月、標高4000メートル以上のヒマラヤの高地で中国が仕掛けたといわれる国境紛争です。インド側発表や衛星写真などを使った欧米の分析によれば、中国人民解放軍が実効支配線を越えてインド側に建造物を建設し、それを排除しようと対峙していたインド兵らを大隊で攻撃したといわれています。インド政府によると、少なくとも20人のインド兵が死亡しました。国境紛争では50年ぶりの死者であり、インドの反中機運は猛烈に高まりました。

(ちなみに、中国とインドが争う国境線の多くは1914年に英領インド政府と当時のチベット政府が結んだいわゆる「マクマホン・ライン」です。中国は独立した「チベット政府」の存在自体を認めていないため、同政府が締結したマクマホン・ラインも否定しています。係争地の中にはチベット仏教の聖地もあるため、ダライ・ラマ14世が亡命したインドから奪取したい思惑もあります)

それでは、なぜこれまで「偶発的な小競り合い」にとどまっていた国境紛争が習政権下の2020年に突然、大規模な紛争となったのでしょうか？

ここに興味深い研究があります。

米プリンストン大学やオランダ国防アカデミーなど複数の研究機関が構成する共同チームは2022年11月、中印国境で多発する紛争が本当に「偶発的」であるのかどうかを中国の侵攻パターンから分析する研究結果を発表しました。結論からいえば、これまで偶発的とされた中国の侵攻は、すべて「ゲームの理論」における「ブロットゲーム」の勝ちパターンにのっとったものだと分析されました。ブロットゲームとは、少ない戦力で効率的に勝ちをとりにいくゲリラ的な戦術です。

そこから導き出されたのは「中印国境における中国の侵攻は、決して偶発ではなく、中国が戦略的に計画したものだ」という推論でした。

研究チームはもう一点、中国による侵攻のタイミングについても分析を加えました。そこから判明した主なパターンは①中国の社会情勢や経済情勢が不安定化した時期②インドが米国との関係を深めようとする時期③夏季——、というものでした。

これを2020年の紛争にあてはめれば、非常にわかりやすい構図がみえてきます。①でいえば当時、中国は新型コロナウイルスの感染拡大で社会が不安定化しており、習氏3期目政権を前に対外的な危機や成果などで求心力を高める必要がありました。②については、日米豪印4カ国の枠組み「Ｑｕａｄ（クアッド）」の深化をはじめとして米国からインドへのアプローチが活発化し、インド太平洋の地域情勢は大きく変化しようとしていました。

当時、インドはコロナによる大量の死者に苦しみ、極端に弱体化していました。過去の経験則からいえば、弱ったインドを相手に中国は国際社会の知らないうちに実効支配地域を広げたうえ、インドの対米接近にもクギを刺せる可能性は十分にありました。

しかし、結果からいえば、この判断は誤りでした。

インド兵の死に人々の怒りは燃え上がり、インド政府は決然たる態度で中国に臨む決意を固めました。中国企業の製品や投資を徹底して排除し、パキスタン国境に割いていた防衛力も中国国境に振り向けました。米国への接近を控えるどころか、距離はますます縮まりました。中国の「過信」が誤算を引き起こしたといえます。

中国のさらに大きな計算違いは、ロシアによるウクライナ侵攻です。ロシアはこれまで中国とインドの仲介役であり、インドを米国から遠ざける囲いの役割も果たしていました。しかし、2022年2月に始まったウクライナ侵攻でロシアはそれどころではなくなってしまったのです。

ロシアの不在は安全保障分野で中印を結ぶよすがが失われたことを意味します。インドによる上海協力機構（SCO）加盟はロシアが主導したといわれています。2023年はインドがSCO議長国であり、7月には同国で華々しく首脳会議が開かれるはずでした。しかし、なぜかオンライン開催になってしまいました。理由は不明ですが、インドがSCOや中国をたいして重視していないことは伝わります。

それでは今後、中印対立はどう動いていくのでしょうか。

米国の後ろ盾を得たインドは国境における中国の威嚇に引くことはないでしょう。一方、中国にとって国境問題は「チベット政府が存在したことを認めない」というチベット支配の根本に関わるため、妥協は容易ではありません。

国際社会で中印紛争が注目されるほどに中国が批判され、インドへの支援が集まる——。こんなイバラの道がわかっていても、中国に退路はないのです。両国が泥沼の紛争や戦争へと突入していく恐れは否めません。

「歴史にイフはないけれど」。こんな使い古されたフレーズがありますが、今、世界にとっての最大の「イフ」はウクライナだと思われます。もしロシアのプーチン大統領が2022年2月にウクライナ侵攻を思いとどまっていれば、多くの悲劇が回避されただけでなく、プーチン氏自身は今でもスーパーパワーを誇る特別な指導者でいられたでしょう。戦局が泥沼化した今、その威信は見る影もなく消えてしまいました。「要らぬ一手」でロシアの権威失墜をもたらしたプーチン氏は今、クレムリンで1人ほぞをかんでいるかもしれません。

同様に、もし習政権が中印国境で大規模衝突を起こしていなければ、両国関係は今ほどこじれていなかったのではないでしょうか。インドの立ち位置はもっと中国寄りのままだったかもしれないですし、インドが自国産業の自立をめざすにしても中国企業の排除は今ほど激烈ではなかったかもしれません。少なくとも人民解放軍が米国のドローンにリアルに向き合うシチュエーションは生まれなかったでしょう。

中印対立は将来、習氏がつくった世界秩序を崩す「アリの一穴」になる可能性を秘めています。いつの日か習氏が中南海で過ぎし日を後悔する——。そんな未来があるとすれば、その「過ぎし日」とは2020年6月であり、中印国境紛争は中国にとっての「ウクライナ」となるのかもしれません。

大越さん、ブリンケン氏の訪中からモディ首相の訪米まで、バイデン政権は攻めの対中外交を続けています。米国内ではどのように評価されているのでしょうか?

大越匡洋からの返信

桃井さん、こんにちは。米国の対中戦略と対インド戦略は一筆書きです。「私は『ゾンビ関与（Zombie Engagement）』と呼んでいる」。ブリンケン米国務長官が北京へ旅立つ直前の2023年6月15日、米下院・中国特別委員会のマイク・ギャラガー委員長（共和党）にインタビューすると、痛烈なバイデン政権批判が返ってきました。葬られたはずの「対中関与政策」がゾンビのようによみがえった――。ギャラガー氏の言葉は、中国はいつか民主化するとの期待を抱いて経済関係を優先し、結局は中国の地政学上の台頭を許したかつての「関与政策」に逆戻りするのかという批判です。バイデン政権は中国との接点を増やし、特に2022年夏のペロシ下院議長（当時）の台湾訪問や2023年早々の気球撃墜事件で滞った軍同士の意思疎通の正常化をめざしました。米中が誤解や誤読で衝突するのを避けるには危機管理の防護柵が必要です。

その意図は理解できますが、デカップリング（分離）をデリスキング（脱リスク）と言い換え、「関与しなければ何の成果も得られない」（ブリンケン氏）と対話を急ぐバイデン政権の姿勢は、米保守派の目に「関与政策の復活」そのものに映ります。

桃井さんが指摘したように、習近平国家主席はブリンケン氏を「引見」した際、客をもてなす席次をとらず、自ら会合を主宰する位置に座りました。米中関係の再定義を主導するのは自分だとの意思が一目瞭然でした。米国は中国との対話の糸口はつなぎつつも、危機管理の枠組みの確保という最も望んだ成果は得られませんでした。

「中国が危機管理のための軍同士の意思疎通チャネルの確立に同意しなかったことは大きな懸念材料だ。中国側の不信感の大きさを裏付けた」。米エール大学の中国専門家モリッツ・ルドルフ氏に聞くと、ブリンケン氏の訪中をこう総括しました。

ルドルフ氏は2023年秋の米中首脳会談につながる一歩と受け止めつつ「今回の訪中は二国間関係の悪化という一般的な力学を断ち切ることに成功しなかった」とみます。

この結果は想定外でしょうか。そうではないでしょう。

対中関係が一気に改善しないことは、バイデン政権も織り込み済みでした。それはブリンケン氏の訪中直後の2023年6月22日、国賓として米国を訪れているインドのモディ首相との米印首脳会談に臨むことからも明らかです。米国は最重要の外交イベントとして念入りに準備してきました。21日夜、バイデン大統領夫妻はホワイトハウスでモディ首相を出迎え、夕食をともにしました。

バイデン政権は対インド外交の「変革の瞬間」（国家安全保障担当のサリバン大統領補佐官）になると、早々に高評価をくだしています。

インド太平洋地域における中国抑止力を高めるため、バイデン政権は日本、韓国、オーストラリア、フィリピンという同盟国と並び、インドとの連携強化を最も重視してきました。サリバン氏も6月13、14日、ブリンケン氏の訪中前にインドを訪れました。インド企業と米ゼネラル・エレクトリック（GE）によるインド軍用ジェットエンジンの共同生産などで距離を縮め、インドと中国・ロシアの間にくさびを打つ狙いです。ブリンケン氏が帰国すれば、米外交の舞台で再び暗黙の「仮想敵」として標的とされる中国が、もろ手を挙げて米国との協調にうなずくはずがそもそもないのです。

米国ではモディ政権を巡り、宗教的少数派の弾圧など人権侵害の懸念がくすぶります。ただ「国賓としての訪問は『成功』が当然。米印双方にとって『成功』以外の結果はない」（元米外交官）。波風を立てる話題は棚上げされるとの見方が大勢です。

バイデン政権下で国賓としてホワイトハウスに招かれるのはフランス、韓国の大統領に続き3人目です。上下両院合同会議での演説も予定されています。「成功」を演出するための厚遇がこれでもかと用意されています。

「中国は本当に経済的に困難にある。私が偵察気球を撃ち落としたとき、習近平が非常に憤慨したのは、それがそこにあることを知らなかったからだ。独裁者にとって、何が起こったのか知らなかったということが大恥なのだ」

「彼（習氏）が本当に怒ったのは、私が（日米豪印の）Ｑｕａｄ（クアッド）再結成を主張したことだ。彼は私に電話し、窮地に追い込まれるからやめてくれと言った」

バイデン大統領は２０２３年6月20日、カリフォルニア州で開いた選挙資金集めの会合で習氏を「独裁者」と呼ぶ「本音」を漏らしました。「インド、オーストラリア、日本、そして米国が南シナ海とインド洋で手を携えている」

米中首脳は２０２３年11月に米国で開かれるアジア太平洋経済協力会議（ＡＰＥＣ）首脳会議に合わせた会談が取り沙汰されています。同年9月にはインドが議長国の20カ国・地域（G20）首脳会議もあります。１年の折り返しを前に大国外交は新たなラウンドに入ります。

（２０２３年6月22日）

おわりに

読者のみなさん、こんにちは。本書は、日本経済新聞のワシントン支局長と中国総局長（北京）が往復書簡の形式で語り合うニュースレター「米中Round Trip」を下敷きにしています。そのうえで、私たちが世界の次の構図を決定づけるとみる「2024年」を軸に、米国と中国のそれぞれの現場でみつめ、考え、皆さんに伝えたいことを書き下ろしました。

「もったいない」――。本書を出そうと思ったきっかけは、ある読者のこんな一言でした。「米中Round Trip」は日経電子版の有料会員のうち、登録された方に月2回のペースでお届けしています。日経電子版や日経新聞には転載されず、日経電子版の検索にも引っかかりません。しかし、書き手の私たちは購読者への「おまけ」などと考えたことはありません。読んでくださるのはわざわざ登録し、時間を割いてくださる方々です。そんな読者をがっかりさせないよう、毎回、真剣勝負で臨んでいます。ですから「もっと多くの人に届くようにしないと、もったいない」という言葉をいただいたときは、本当に励まされました。

私たち記者は学者のような専門家ではありませんし、もちろん政策当局者でもありません。それでもニュースの現場に最も近い場所に常に立ち、読者の皆さんの「目」や「耳」となって、世界の動きを冷静にみつめる観察者であろうと努めています。

「米国はおかしい」「中国は分からない」という声をよく聞きます。一方で「米国はこんなもの」「中国なんてどうせこうだ」という決めつけもよく耳にします。個人的には、日本人が「よく知っている」と思い込みながら、その実像をうまくつかみ切れていないのが同盟国の米国であり、隣国の中国である気がしてなりません。

米国、中国をよく知る読者はもちろん、これから米中関係について考えたいという方々が本書を手に取ってくれることを願っています。たとえば18歳になった、大学に入学した、就職したといった節目に、気軽に私たちとの議論の輪に加わってほしいと思っています。

2022年春以降、日経の中国総局長とワシントン支局長は1995年入社同期の2人がたまたま務めています。時期は別々ですが、2人とも過去に中国駐在経験があります。往復書簡はときにマニアックな応酬を見せつつ、その分、深まる議論もあると自負しています。ぜひ好きなパートから読み始めてください。

本書の出版にあたり、日経BPの赤木裕介の助けを借りました。赤木も1995年入社の同期です。前ワシントン支局長の菅野幹雄、前中国総局長の高橋哲史、配信業務を担った松木祥介、川島光裕の貢献なしにこのニュースレターは続けられませんでした。そして最も熱心な読者であり、厳しい批評家である家族に日々、支えられました。この場を借りて感謝します。
ニュースレター「米中Round Trip」は今後も続きます。激動が続く米中関係を追いかけ、私たちと議論を深めたいと少しでも感じていただければ、これに勝る喜びはありません。

2023年11月

ワシントンにて　大越匡洋

大越匡洋

（おおこし・まさひろ）

日本経済新聞社ワシントン支局長。1995年早稲田大学政治経済学部卒、日本経済新聞社入社。財務省や厚生労働省、経済産業省、日銀などの経済・金融政策を長年取材。2005年から2年間は自民党、民主党を担当。2012年から4年間、発足したばかりの習近平政権下の中国を北京から取材、重慶支局長も兼務。1面連載のデスクなどを経て2021年4月にワシントン赴任、2022年4月から現職。
著書に『北京レポート　腐食する中国経済』がある。

桃井裕理

（ももい・ゆり）

日本経済新聞社中国総局長。1995年東京大学経済学部卒、日本経済新聞社入社。電機、商社、自動車、インターネットなど各種業界の企業取材を担当。2003年から4年間、胡錦濤政権下の中国で、本土から台湾、香港にまたがる大中華経済圏や政治・外交分野の取材に従事。2010年から政治記者として民主党、自民党両政権における永田町取材を担当。2021年4月から現職。
著書に『習近平政権の権力構造～1人が14億人を統べる理由』がある。

「米中Round Trip」登録サイト

https://regist.nikkei.com/ds/setup/briefing.do?me=B001&n_cid=DSREA_roundtrip

アフター2024 米中最後の攻防

2023年12月18日　1版1刷

著　者 …………………… 大越匡洋・桃井裕理

発行者 …………………… 國分正哉
発　行 …………………… 株式会社日経BP
日本経済新聞出版
発　売 …………………… 株式会社日経BPマーケティング
〒105-8308 東京都港区虎ノ門4-3-12

ブックデザイン ……… 野網雄太（野網デザイン事務所）
印刷・製本 …………… 三松堂株式会社

ISBN978-4-296-11899-1

本書籍に関するお問い合わせ、ご連絡は下記にて承ります。
https://nkbp.jp/booksQA

Printed in Japan